Erwin Riess

Herr Groll auf Reisen

Erwin Riess

Herr Groll auf Reisen

STORYS

OTTO MÜLLER VERLAG

Für Pira und die Crew

www.omvs.at

ISBN 978-3-7013-1150-7

Satz: Media Design: Rizner.at, Salzburg
Umschlaggestaltung: Ulrike Leikermoser
Druck und Bindung: Druckerei Theiss GmbH., A-9431 St. Stefan

Am Hudson

Groll saß auf einer Bank am Hudson River. Jeden Tag nach dem Mittagessen bei Suzies, einem billigen Chinesen in der Bleecker Street, durchquerte er das Village und rollte auf dem Uferbegleitweg bis zum restaurierten Pier 24, wo er bis zum Einbruch der Dunkelheit las, schrieb und die Flugkunststücke der Möwen beobachtete. Darüber hinaus führte er Buch über die Ozean-Riesen, die den Hudson hinauffuhren, um dort an den Transatlantikpiers anzulegen. Grolls Liste umfaßte den Großteil der von New York operierenden riesigen Casinoschiffe und Karibikliner. Auch die *Queen Elisabeth 2* stand auf seiner Liste; Groll schätzte sie nicht nur ihrer schlanken Erscheinung und des berühmten roten Rauchfangs wegen, sondern auch, weil sie als einzige im Linienschiffsverkehr – zwischen Southampton und New York – unterwegs war. Und es schien Groll, daß auch sein Rollstuhl Joseph Freude an der *QE 2* hatte. Er hatte Joseph im Verdacht, daß dieser zum roten Rauchfang Hammer und Sichel hinzuträumte.

Die Stunden am Fluß waren geruhsam. Eine stetige Brise kam von der See den Hudson hinauf und linderte die intensive Sonneneinstrahlung, und jedesmal, wenn Groll den Blick von seiner Lektüre hob, erfreute er sich an den Wolkenkratzern des Financial Districts.

Am Himmel zogen unablässig Inlandsjets den Hudson hinauf. Die Maschinen, die im Landeanflug für LaGuardia waren, kamen so pünktlich, daß man die Uhr nach ihnen stellen konnte. Drüben, in New Jersey, starteten im Minutenrhythmus Transatlantikmaschinen vom Flughafen in Newark; es war ein geordnetes Kommen und Gehen, und es war nahezu lautlos. Die Colgate-Uhr am gegenüberliegenden Ufer zeigte fünfzehn Uhr. Angeblich war sie die größte freistehende Uhr der Welt, aber Groll zweifelte nicht daran, daß es irgendwo in Asien eine größere gab. Ob die asiatischen Marketingleute allerdings dem Vorbild folgen und die Uhr auf ein freies Feld an einen Fluß stellen würden, darauf wollte er nicht wetten. Weißgestrichene Schnellfähren pendelten zwischen dem Financial District und dem Nahverkehrsbahnhof in New Jersey-Hoboken; jenem Hoboken, in dem bis 1917 ein Armendoktor lebte, der von der gescheiterten 48-er Revolution in Österreich über den Atlantik getrieben worden war. Hans Kudlich, der „Bauernbefreier", der als Fünfundzwanzigjähriger im ersten demokratisch gewählten Parlament der Monarchie den Antrag auf das Ende der Leibeigenschaft eingebracht und der im September 1848 die *Österreichische Arbeiterzeitung* als Organ des Reichstags gegründet hatte, verbrachte die größte Zeit seines Lebens in New Jersey, als geschätzter Armendoktor für in die Neue Welt strömende Europaflüchtlinge.

Zu Kudlichs Patienten zählten viele Italiener, und unter diesen befand sich auch ein Signor Sinatra, ein armer und rechtschaffener Mann, der das Honorar nicht bar, sondern in Naturalien beglich. Das Gemüse und die Eier stammten von illegalen Gärten, die die italienischen Einwanderer am Ufer des Hudson angelegt hatten. Der Bauernbefreier wurde für seine Dienste von freien, aber illegalen Kleinbauern bezahlt, dachte Groll und grübelte darüber nach, ob Kudlich dies wohl als Fortschritt empfunden haben mochte.

New York, Guggenheim-Museum

Seit Tagen beunruhigten Groll starke Vibrationen am Rollstuhl. Auch auf glatten Flächen schien es ihm, als liefen die Reifen über Pflastersteine. Der mit Glasschrot vermischte Asphalt der New Yorker Straßen und die steilen Abschrägungen der Bürgersteige waren reifenmordend und belasteten das Fahrwerk. Groll fürchtete Schlimmes, einen beginnenden Riß im Rahmen oder einen Ermüdungsbruch der Hauptstreben. Es half nichts, um herauszufinden, was die Ursache des schlechten Handlings war, mußte eine Teststrecke aufgesucht werden. Dafür kam nur eine in Frage, und zwar die „geilste Rampe der westlichen Hemisphäre", wie der Rollstuhlfahrer und Kriegsberichterstatter John Hockenberry in der *New York Times* das Guggenheim-Museum bezeichnet hatte.
In der Lafayette Street nahm Groll einen Bus in Richtung Uptown. Binnen einer Minute war die Hebeplattform ausgefahren, Groll an Bord geholt und Joseph, der Rollstuhl, mit zwei Stahlklammern fixiert. Obwohl es drückend heiß war, trug Groll einen Pullover und eine Zipfelmütze. Solcherart wappnete er sich immer, wenn er in New York mit dem Bus fuhr, denn unmittelbar hinter den Behindertenplätzen befindet sich eine mächtige Klimaanlage, die unter großer Lärmentwicklung kalte Luft in den Fahrgastraum preßt. Für die Strecke von rund sechs Kilometern brauchte Groll nur

eine Stunde, was in der beginnenden Rushhour einen guten Wert darstellte. Er hätte den Weg auch mit dem Rollstuhl zurücklegen können, aber Richtung Uptown steigt die 3rd Avenue die ganze Zeit leicht an, außerdem hätte der schlecht liegende Joseph, der zu dauernden Korrekturen zwang, das Fahren zusätzlich erschwert. Im Guggenheim würde Groll den Fehler finden, und vielleicht würde sich der Schaden schnell beheben lassen, so daß er den Rückweg mit dem reparierten Rollstuhl in einer halben Stunde würde zurücklegen können.

Der Eingang zum Guggenheim war von einer Menschentraube belagert. Die Hitze hatte viele auf die Idee gebracht, ein gut gekühltes Museum zu besuchen. Für Grolls Vorhaben war das ein Rückschlag, aber zwei oder drei Fahrten auf der Schnecke sollten sich ausgehen. Er hoffte nur, daß es ohne Kollision abgehen würde. Es war wichtig, mit einigermaßen hohem, aber gleichmäßigem Tempo zu fahren, um die Ursache des schlechten Fahrverhaltens herauszufinden, und nirgendwo außer in der Wendelschnecke des Guggenheim gab es eine Rampe, deren Neigung ausreichend, andererseits aber auch nicht so groß war, daß ständiges Bremsen mit den Händen die Überprüfung der Straßenlage behindert hätte.

Wie überall in New York wurde Groll an der Schlange vorbeigewinkt. Er löste eine Eintrittskarte und rollte zum Lift, der die Besucher in den siebten Stock brachte, wo Frank Lloyd Wright's Flanierschnecke ihren

Ausgang nahm. Die Bilder des deutschen Malers Baselitz bedeuteten Groll nichts, er konnte sich also ganz auf das Fahrverhalten konzentrieren. Er wartete kurz, bis er freie Bahn hatte; dann setzte er sich mit zwei schnellen Armstößen in Bewegung. Er fuhr nahe an der Reling in der Schneckenmitte, die rechte Hand lenkte in die Kurve, die linke lag prüfend auf der Vorderstrebe. Schon nach der ersten Fahrt lag der Fall klar: die Lager des linken Vorderrads waren am Ende. Groll fuhr noch ein zweites Mal die Schnecke hinunter, um die Diagnose zu überprüfen, dann rollte er aus dem Museum und schlug den Weg zum Whitney Museum ein. Er wußte, daß in der Cafeteria ein vorzüglicher Espresso ausgeschenkt wird, und Groll brauchte diese Denkhilfe, denn er stand vor einer schweren Entscheidung: Sollte er den Schaden in Uptown oder im Village beheben lassen? Die Mechaniker in Uptown sind teuer, jene im Village preiswert und zuverlässig. Aber mit dem Bus würde er jetzt zwei Stunden ins Village brauchen, und mit dem angeschlagenen Joseph wäre die Fahrt eine Qual.

Red Hook, Brooklyn

Das Ziegelsteinpflaster war, obschon zwischendurch mit Asphalt geflickt, eine harte Prüfung für Grolls Kreuz und den armen Joseph, der erbärmlich quietschte. Aber Groll war schon so weit nach Red Hook, jenem vergessenen alten Hafenviertel von Brooklyn, vorgedrungen, daß er bis zum Schluß, bis zum Meeresufer durchhalten wollte. Der Anblick der Ozeanriesen, die unter der Verrazano-Narrows Bridge durchstechen und Kurs auf Manhattan nehmen, würde ihn für die harte Anfahrt entschädigen.

Auf dem Gehsteig war schon lange kein Vorwärtskommen mehr gewesen; tapfer hatte Groll sich auf ihm weitergekämpft, trotz dessen starker Querneigung und trotz seines gebrochenen Belags, dann aber, als ihm endlich bewußt geworden war, daß die Straße von Autos gemieden wurde, wahrscheinlich weil die knietiefen Schlaglöcher abschreckend wirkten, war er in der Straßenmitte weitergefahren, vorbei an hölzernen Telegraphenmasten, die aussahen, als stammten sie aus einer Stummfilmkulisse, und leeren Parkplätzen, die durch verbogene und löchrige Drahtzäune begrenzt wurden.

Kein Mensch war auf der Straße zu sehen, und die Häuser schienen sämtlich unbewohnt, jedenfalls deuteten leere Fensterhöhlen und zerschlagene Scheiben darauf hin. Es war heiß und schwül, der Wind war zu

schwach, um Abkühlung zu bringen. Groll klebte regelrecht in seinem Rollstuhl fest. Dennoch fuhr er unbeirrt weiter. Wer Schiffe beobachten will, läßt sich von einer staubigen, von der Sonne versengten gottverlassenen Straße nicht unterkriegen, sagte er sich.
Als er mitten in der Straße auf einen blühenden Holunderstrauch stieß, und als er, nachdem er diesen umrundet hatte, feststellen mußte, daß die Straße hier an einer Hausmauer endete, noch weit vom Meeresufer entfernt, war es mit Grolls Beherrschung vorbei. Er fluchte und tobte und warf den Stadtplan und eine leere Dose Selterswasser auf den Boden.
„Wenn du jetzt die Dose aufhebst, Kleiner, und sie mir gibst, dann werd ich so tun, als sei nichts geschehen", sagte eine Stimme, die klang, als würde das aufgelassene Heizwerk am Ende der Sackgasse zu ihm sprechen. Groll drehte sich um und sah einen alten Schwarzen, der im Schatten des Holunders lag, einen Zigarillo paffte und die Hände über dem Bauch verschränkt hielt. Der Mann trug eine löchrige Kopfbedeckung, die irgendwann einmal ein Panamahut gewesen sein mochte. Der Blick des Mannes war auf die Mauer gerichtet. Vor sich hatte er eine zerrissene schwarze Folie auf die Straße gebreitet, auf ihr lagen zwei Dosen Cola Lite, eine Dose Budweiser, drei Päckchen Kondome, eine Nachfüllpackung Spülmittel, ein Taschenfaltplan von Kalkutta, eine abgegriffene Taschenbuchausgabe von Theodore Dreisers „Amerikanischer Tragödie" und ein Bügeleisen.

Groll legte die Dose auf die Folie, der Schwarze nickte gnädig. Ob es von hier aus einen anderen Weg zum Meer gebe, fragte Groll. Der Mann verneinte.
„Ein schlechter Platz fürs Geschäft“, sagte Groll, nachdem er eine Dose Cola Lite erworben hatte.
Im Gegenteil, antwortete der Schwarze, jeden Tag kämen zwei oder drei Spinner, die glaubten, die Skyline von New York unbedingt von Red Hook aus sehen zu müssen. Vierzig Jahre lang habe er am Times Square gearbeitet, aber jetzt sei ihm der Trubel zuviel. Er sei aber nicht wegen Manhattan, sondern der Schiffe wegen da, sagte Groll. So etwas habe er noch nicht gehabt, sagte der Schwarze.
Groll erwarb die Stadtkarte von Kalkutta. Die Stadt liegt am Ganges, es war immerhin möglich, daß Groll, der es sich zum Ziel gesetzt hatte, alle schiffbaren Flüsse dieser Erde zu sehen, den Plan noch einmal brauchen könnte. Dann grüßte er und wendete. Immer in der Straßenmitte bleibend fuhr er nach Brooklyn zurück.

Greenwich Village, University Plaza

Jeden Tag gegen Geschäftsschluß trank Groll mit seinem Freund Samuel Waterproof eine Cola an der University Plaza. Samuel war ein großer dunkelhäutiger Mann, er litt an Muskelschwund und saß, besser: er lag in einem vierrädrigen Gefährt, das durch ein baldachinartiges Dach vor Regen und Sonne geschützt war. Dank einer ausgeklügelten Übersetzung war es Samuel möglich, sein Gefährt auch mit geringen Resten von Beinkraft kilometerweit zu bewegen. Samuel stammte aus der Bronx, nicht aus der verrufensten Gegend, aber das Viertel, in dem er aufgewachsen war, hatte ihn allerlei Tricks gelehrt, die es ihm ermöglichten, trotz seiner Behinderung zu überleben. Seit seinem achten Lebensjahr war Samuel Vollwaise. Der Vater war noch vor Samuels Geburt als Unbeteiligter im Zuge eines Raubüberfalls erschossen worden, seine Mutter war eines Tages mit einem indischen Prediger durchgebrannt und hinterließ Samuel, bei dem sich bereits die ersten Anzeichen der Krankheit zeigten, der Großmutter, einer zähen, fast blinden Frau, die Samuel, so gut es ging, von der Straße fernhielt. Mit sechzehn mußte der Bub in den Rollstuhl wechseln, aber da er seine Pubertät nicht mit Schulkram vergeudet, sondern auf der Straße zugebracht hatte, wo er einen schwungvollen Drogenkleinhandel betrieben hatte, war er in der Lage, seiner Großmutter, die sich

fortwährend im Glauben wähnte, Samuel versorgen zu müssen, einen Platz in einem gut ausgestatten, rollstuhlgerechten Seniorenheim auf Governors Island zu verschaffen.
Als die Behörden Mitte der achtziger Jahre wieder einmal zu einem Kreuzzug gegen Drogen aufriefen, wurde Samuel der Boden zu heiß. Er beschloß, die Branche zu wechseln. Lange prüfte er die ihm zur Verfügung stehenden Alternativen, dann sattelte er um und wurde Experte für Social Fund Raising. Er hatte herausgefunden, daß im Umfeld der privaten Universitäten Sammelaktionen für soziale Zwecke prächtig gedeihen. Die Studenten, so Samuels Erfahrung, waren noch warmherzig genug, zu helfen, andererseits aber gingen sie die Sache so professionell an, daß schöne Gewinne winkten. Am freigiebigsten erwiesen sich die Söhne und Töchter von italienischen und irischen Selfmademillionären. Zurückhaltender waren Araber und Europäer, richtiggehend zugeknöpft gaben sich aber nur koreanische und vietnamesische Studenten.
Anfangs stellte Samuel sich – gegen gutes Honorar – als Frontman und Sprecher der Kampagnen zur Verfügung. Samuel ist eine vertrauenerweckende Erscheinung, und er versteht es, sich in großbürgerlichen Kreisen gewandt zu bewegen. Auch nützte er den Umstand, daß Muskelschwund damals in Philanthropenkreisen noch als schick galt. Nach zwei Jahren hatte er genug gelernt, um die Kampagnen selber zu organisie-

ren. Er kam damit einer sinkenden Konjunktur von Muskeldistrophikern zuvor, die für ein knappes Jahrzehnt Aids-Kranken und geistig Behinderten weichen mußten.

Seit kurzem betrieb Samuel eine Agentur zur Organisierung von Spendengeldern für Alzheimer-Patienten. Er sammelte Geld für eine Sternfahrt quer durch Amerika, die er in seinem Gefährt, einem Prototyp einer Hilfsmittelfirma, absolvieren wollte. Selbstverständlich dachte Samuel nicht im Traum daran, selber zu fahren, er suchte Piloten und Begleitfahrzeuge für den Trail der Menschenliebe, so nannte Samuel sein Projekt.

Als Groll an der University Plaza ankam, sah er Samuel mit seinem Baldachinrad um die Ecke biegen. Samuel war außer Atem, sein Tritt war schwerfällig, er schien sich zu plagen. Auch er hatte Groll jetzt entdeckt, schon von weitem winkte er ihm mit seiner besseren Hand zu.

Orchard Street

Eines Sonntags machte Groll sich auf den Weg in die Orchard Street. Er hatte gelesen, daß ein Lederwarengeschäft namens Fleischer dort die besten und billigsten Lederjacken der Stadt feilbot. Er überquerte die Houston Street am Broadway und folgte ihr bis zur Allen Street, vor Jahren ein Zufluchtsort Hunderter Unterstandsloser, die im Mittelstreifen logierten und bei Verkehrsstillstand die Autofahrer um Geld anbettelten. Jetzt war die Straße wie ausgestorben. Sonntags um zehn Uhr morgens gehört einem die Stadt fast allein, sagte Groll zu sich und wurde darüber nicht froh. Er hätte es vorgezogen, die Stadt belebt anzutreffen.

In der Orchard Street angelangt, rollte er in das erste Ledergeschäft am Platz. Er wolle eine Lederjacke kaufen, sagte er zum dunkelhäutigen Verkäufer. Ob das Geschäft zufällig Fleischer heiße. Der Verkäufer schüttelte den Kopf, er arbeite seit dreiunddreißig Jahren in der Orchard Street, er könne beschwören, daß es hier kein Geschäft dieses Namens gebe. Groll deutete auf eine einfache schwarze Lederjacke und fragte nach dem Preis. Das sei eine wunderschöne Jacke, es spreche für Grolls Geschmack, daß er dieses Juwel auf den ersten Blick erkannt habe, sagte der Verkäufer. Normalerweise koste die Jacke 235 Dollar, weil er, Groll, aber der erste Kunde an diesem wundervollen Sonntag sei, würde er sie ihm für 160 überlassen. Groll probierte die Jacke, sie war etwas zu lang und warf am Bauch einen häßlichen Wulst. Ob Groll einen Unfall gehabt habe, fragte der Verkäufer. Nein, sagte Groll, einen Schock. Er hätte einen Schock erlitten, als er mitansehen habe müssen, wie ein Fensterputzer von einem Wolkenkratzer zu Tode gestürzt sei. Seither seien seine Beine gelähmt. Groll betrachtete sich im Spiegel und fand den Wulst jetzt nicht mehr so häßlich. Dennoch sagte er, daß der Wulst störe. Das gebe sich nach dem ersten Regen, erwiderte der Verkäufer, er gebe Groll die Jacke für den Vorzugspreis von 150. Und dann fragte er, ob das Leben im Rollstuhl schwierig sei. Nicht sehr, sagte Groll. Nur das Einkaufen von Gewand sei mühsam. 140 sagte der Verkäufer, er wolle an Groll nichts verdienen.

„Wovon leben Sie“, fragte Groll den Verkäufer. „Haben Sie einen zweiten Job?“

Seine Familie, sieben Personen, lebe ausschließlich von seiner Arbeit als Verkäufer, antwortete der Mann.

„Wie können Sie es dann verantworten, mir die Jacke so billig zu geben“, fragte Groll.

Weil er ihm sympathisch sei, sagte der Mann. Außerdem sei Groll der erste Kunde an diesem Sonntag und der Koran lehre, daß man den Sonntag mit einer guten Tat beginnen solle, er gebe Groll daher die Jacke für 120. Groll bedankte sich für das Entgegenkommen und zog die Jacke aus.

„Ich möchte nicht schuld am Untergang Ihrer Familie sein", sagte er zum Verkäufer. „Sicher haben Sie auch eine alte Mutter oder einen alten Vater zu ernähren."
Der Vater sei voriges Jahr gestorben, sagte der Verkäufer. Aber die Mutter lebe noch, sie sitze auch im Rollstuhl. „100 Dollar", sagte der Mann mit einer weinerlichen Stimme. Groll wußte jetzt, daß er die Jacke nicht nehmen konnte. Im nächsten Moment würde der Verkäufer ihm aufschluchzend um den Hals fallen und ihm die Jacke schenken wollen, wenn er ihm dafür das Elend seiner Familie näherbringen dürfte.
„Der Wulst ist zu groß", sagte Groll und gab die Jacke zurück. Außerdem hasse er schwarze Lederjacken, sie machten ihn älter als er sei, fügte er noch hinzu. Er wünschte dem Verkäufer einen schönen Tag, verließ das Lokal und fuhr einen Block weiter. Bei einem Straßenhändler in der Ludlow Street kaufte er dann eine einzelne Socke in leuchtendem Blau um einen Dollar statt einsfünfzig.

World Financial Center

In der Rushhour verkehren die Fähren zwischen der Stadt und dem Bahnhof von New Jersey am anderen Ufer des Hudson im Dreiminutentakt. Mit hoher Geschwindigkeit nähern sich die breiten Bugpartien der Schiffe, die allesamt nach amerikanischen Präsidenten benannt sind, dem Anlegeponton. Bevor es zu einer Kollision kommt, gibt der Kapitän Gegenschub, Gischt sprudelt hoch, und schon schwebt die Fähre dem hohen Wellengang zum Trotz zielgenau auf die Fangbuchse zu und dockt sanft an. Sofort wuchten zwei muskelbepackte Schwarze Gangways auf die Fähre, worauf sich ein Strom von adrett frisierten, in Maßanzügen oder Modellkleidern steckenden weißhäutigen Finanzanalysten, Brokern und Rating-Spezialisten auf die Fähre ergießt. Hundertachtzig Sekunden später rauscht das Schiff, die Kielwelle einer entgegenkommenden Fähre schneidend, in einer mächtigen Bugwelle in die Flußmitte.

Groll hatte keine Zeit, sich an den Manövern zu erfreuen. Diese Phase des Touristendaseins hatte er überwunden, als er entdeckte, wie leicht es war, den nach Hause, zur family strebenden Bankangestellten, die im World Financial Center bei den weltgrößten Finanzkonzernen und Brokerfirmen arbeiten, einen Dollar abzuluchsen. Zu diesem Zweck deckte er sich in der Zentrale der New York University mit zwei Stößen

der studentischen Gratiszeitung *New York Press* ein, schnappte sich eine Stunde vor Büroschluß ein Taxi und stellte sich vor dem Ponton auf; an einer Stelle, die einem Nadelöhr gleichkam. In einer Hand eine Ausgabe der *New York Press* und in der anderen eine umgedrehte Mütze, in der sich Dollarscheine stapelten, mußte jedermann an ihm vorbei. Nur der eisernen Disziplin der gut erzogenen Büromenschen war es zu verdanken, daß sie sich am ernst blickenden Groll ohne Murren vorbeizwängten. Im Lauf der Zeit hatte Groll, der die Gutmütigkeit der Kunden und deren Geschäftsinteresse nicht über Gebühr beanspruchen wollte und nur zweimal in der Woche aufkreuzte, seine Verkaufsmethode verfeinert. So hatte sich herausgestellt, daß es besser war, den Kunden, die meist eine Tasche trugen, die Zeitschrift schon gefaltet zwischen Ellbogen und Körper zu stecken, während sie in Hose oder Jacke nach einem Dollar kramten.
In einer knappen Stunde brauchte Groll den Zeitungsvorrat auf. Fünfzig oder siebzig Dollar reicher lud er sich danach im Atrium des World Financial Center auf einen großen Espresso ein und dachte, während er darauf wartete, daß der Zucker sich auflöste, darüber nach, ob er das Geld in einem Chinatown-Restaurant oder weiter nördlich, in Tribeca oder gar im Village in einer Trattoria bei Pasta, Fisch und Barbera anlegen sollte.
Der Dozent hatte ihn einmal tadelnd darauf angesprochen, daß Grolls Vorgangsweise einem dreifachen

Betrug gleichkomme: an den Kunden, die für eine frei erhältliche Zeitschrift bezahlten, an den Herstellern des Magazins, deren Werbelinie als Gratiszeitschrift unterlaufen würde, und schließlich, und dies sei ganz besonders verwerflich, an den Behinderten, denn nur die Rücksichtnahme jenen gegenüber würde die Leute abhalten, Groll über den Haufen zu rennen. Er mache ein Geschäft mit der Gutartigkeit der Menschen, hatte der Dozent geklagt. Groll hatte nicht widersprochen, sondern nur darauf hingewiesen, daß erstens in der *New York Press* die ausgefallensten Sexanzeigen der Stadt zu finden seien, die zweitens geeignet wären, das Eheleben der Bankangestellten auf Trab zu bringen, und drittens, darauf sei er besonders stolz, würden nicht wenige Kunden sein Marketingtalent loben.

Houston Street, Silver Towers, Block A 27th floor

Verschwitzt und bleich vor Anstrengung und Durst kamen sie gegen Mitternacht in die Wohnung zurück. Während sein Freund sich unter die Dusche stellte, entkorkte Groll die Gallone New York Burgundy, die er stundenlang zwischen seinen Beinen festgehalten hatte – er wollte dem Wein Zeit geben, sich mit der schwülen Nachtluft anzufreunden. Aus dem Bad drang das Geräusch plätschernden Wassers, bald danach hörte Groll seinen Freund, wahrscheinlich in Vorfreude auf den Wein, laut singen.

Sie waren früh aufgestanden. Vor neun waren sie schon beim Frühstück gesessen, hatten Kaffee, Fruchtsäfte und Mineralwasser getrunken und eine große Portion Joghurt zu sich genommen, weil sie wußten, daß es vor Mitternacht höchstens einen Schluck Wasser, allerhöchstens einen Espresso geben würde. Obzwar Mitte September, war ein schwüler und heißer Tag zu erwarten, und bei dem Marathon, der vor ihnen lag, konnte ein voller Bauch nur schaden. Auch ihre Ausrüstung entsprach dem Gebot äußerster Reduktion: Shirt, kurze Hose, Sandalen ohne Socken und zehn Dollar in einzelnen Scheinen, die Groll tief im Netz des Rollstuhls vergrub. Sie vermieden es auch, sich mit Wissen zu belasten, und verzichteten auf die Mitnahme eines Reiseführers. Ein Bus brachte sie in zweistündiger Fahrt nach Harlem. Hinter der George Washington Brücke, deren vielspurige Auffahrt sie unterquerten, stiegen sie in der 181. Straße aus und nahmen den langen Marsch von einem Ende der zwanzig Kilometer langen Insel Manhattan zum anderen in Angriff. Die Orientierung war einfach: Sie mußten nur dem Broadway Richtung Süden folgen.

Zuerst kamen sie durch ein heruntergekommenes Viertel, das von Latinos bewohnt war. Automechaniker arbeiteten in zweiter und dritter Spur auf der Straße, bauten Motoren aus, wechselten Windschutzscheiben, die durch Schüsse zerstört worden waren, oder lehnten einfach an den Wagen und riefen vorübergehenden Frauen nach. Zwei Dutzend Straßen später durchquerten Groll und der Dozent einen Teil Harlems, in dem überwiegend Schwarze lebten; sie sahen obskure Kirchen, unter ihnen eine riesige, nie fertiggestellte Kathedrale, mehrere große Spitäler und Sportplätze. In einem weitverzweigten Gebäudekomplex fanden sie nach langem Suchen eine Behindertentoilette; ein Schild am Ausgang klärte darüber auf, daß sie in der Columbia University umhergeirrt waren.

Die ganze Zeit über behielten sie das Lauftempo bei. Groll fuhr allein, und sein Freund lief mit großen Schritten neben ihm her. Sie zogen stundenlang dahin, ohne zu reden. Nur selten blieben sie stehen und betrachteten ein Gebäude, für ein paar Minuten rasteten sie auch in einer koscheren Pizzeria und tranken Espresso. Dann liefen sie wieder weiter – über die steilen Hügel von Morningside Heights, durch ein Viertel

namens Viertes Reich, in dem Emigranten aus der Nazizeit wohnten, durch Spanish Harlem, immer Richtung Süden und immer am Broadway.
Vorsichtig goß Groll ein paar Tropfen in ein Wasserglas. Er brauchte nur daran zu nippen, um zu wissen, daß der Wein ungenießbar war. Hundertunddrei Straßen lang hatte er die Gallone zwischen seinen Beinen gehalten, stundenlang war er mit ihr über steile Gehsteigschrägen gefahren, und nun leerte er die knapp vier Liter New York Burgundy, die im Sonderangebot fünf Dollar gekostet hatten, in den Abguß. Was er da mache, fragte Grolls Freund, der aus dem Bad gekommen war. Als er die leere Weinflasche sah, wich die Farbe aus seinem Gesicht. Er setzte sich an den Wohnzimmertisch und starrte auf die hell erleuchtete Bleecker Street. Groll stellte die leere Gallone vorsichtig zur Seite und folgte seinem Freund ins Wohnzimmer. Dort saßen sie lange nebeneinander und schwiegen.

South Street

So sehr Groll Chinatown seines guten und billigen Essens wegen schätzte – Fleischtäschchen im Dumpling House in der Lafayette Street standen zweimal pro Woche auf dem Speiseplan –, so sehr verabscheute er die winzigen Toiletten, die nur in den seltensten Fällen und dann nur unter artistischen Verrenkungen benutzbar waren. Das Antidiskriminierungsgesetz hatte im Gegensatz zum Village in Chinatown kaum Anwendung gefunden. Jeder Zentimeter Platz wurde für die Bewirtung von Gästen gebraucht, der Einbau von Behindertentoiletten würde den Umsatz schmälern. Und da in Chinatown jeder Gast fünf chinesische Familienmitglieder in New York und eine Vielzahl in China ernährt, wäre eine Hungersnot unvorstellbaren Ausmaßes die Folge des Einbaus von Behindertentoiletten geworden, überlegte Groll. Also blieb nur eine Lösung: Chinatown mußte abgerissen und auf freiem Feld, irgendwo in New Jersey, wiedererrichtet werden. Die Investition würde auch den Dauerkonflikt zwischen chinesischer und italienischer Mafia lösen, beide könnten sich durch den Abriß und Wiederaufbau von Chinatown eine goldene Nase verdienen.

„Ich sollte in die Kommunalpolitik gehen“, dachte Groll. „Das ist die einzige Art von Politik, von der ich etwas verstehe.“

Auf der Suche nach einer Behindertentoilette unterquerte er eine Auffahrtsrampe der Brooklyn Bridge und sah sich einem Königreichsaal der Zeugen Jehovas gegenüber. Er rollte in das Foyer, in dem dezent gekleidete Männer und Frauen auf den Beginn der Kulthandlungen warteten, und fragte nach der Toilette.
„Ich bin Irene", sagte eine freundliche Frau und lächelte.
„Ich bin in Eile", sagte Groll und lächelte zurück.
„Selbstverständlich", sagte Irene und verbeugte sich.
„Ich bin Rupert", sagte ein Jüngling und reichte Groll die Hand.
„Schön, Sie kennenzulernen", beteuerte Groll. „Wo ist die Behindertentoilette?"
Ein älterer Chinese bot Hilfe an. „Folgen Sie mir, Sir!", sagte er und ging voran.
Die Toilette war ein Palast. Halb Chinatown würde hier Platz finden, dachte Groll, als er auf die Kabine zusteuerte. Aus einem Lautsprecher drang feierliche Musik. Groll zog ein Plastikschild aus dem Rollstuhlnetz, hängte es an den Türgriff der Behindertentoilette und schloß von innen ab. Das Schild „Under Construction" hatte ihm schon oft geholfen, wenn er sich auf einer Behindertentoilette von den Strapazen einer langen Fahrt erholen wollte.
Jemand betrat die Nachbartoilette, Groll hörte, wie ein Reißverschluß geöffnet wurde und Gewand raschelte, dann war es still. Der Gottesdienst beginne jetzt, verkündete eine Stimme aus dem Lautsprecher. Groll ver-

nahm das Zischen eines Sprays, und bald roch es nach billigem Eau de Cologne. Die Nachbartür ging auf und wurde gleich darauf wieder geschlossen. „Wahrscheinlich ein Dealer“, dachte Groll. Aber er hatte sich getäuscht, denn kurze Zeit später hörte er ein rhythmisches Keuchen. Groll verhielt sich still. Das Keuchen aus der Nachbartoilette wurde lauter, nun mischten sich auch Stöße gegen die Kabinenwand unter die Lesung eines Psalms aus dem Lautsprecher, die von Hallelujah-Rufen begleitet wurde. Die Stöße gegen die Wand wurden heftiger. „Wenn die beiden die Kabine niedervögeln, hängt mein Schild zu Recht“, dachte Groll. Die Wand erbebte so stark, daß er Angst hatte, die beiden könnten auf ihn stürzen. Groll machte sich zur Flucht bereit. Da wurde die Tür der Nachbartoilette geöffnet, gleich darauf aber wieder von innen verriegelt.

Als er das Foyer durchquerte, näherte sich der Portier und fragte Groll nach seinem Namen. Er sei Jehovas Zeuge, erwiderte Groll. Sein Freund, Jehova O’Neal, werde beschuldigt, falsch geparkt zu haben; er, Groll, könne das Gegenteil beweisen und müsse dringend zur Polizei. Ohne eine Antwort abzuwarten, rollte er ins Freie und nahm mit kräftigen Armstößen Fahrt auf.

Pearl Street

Ohne eine neue Lederjacke wolle er nicht aus New York zurückkehren, hatte Groll sich vorgenommen, und so fuhr er Richtung Tribeca, weil er kürzlich in der Nacht in einer Seitengasse ein kleines Lederwarengeschäft gesehen hatte, das Lederjacken aus Pakistan anbot. Nach einigem Suchen fand er die Straße und den Laden. In der Auslage hing eine elegante schwarze Lederjacke. Ein kleiner alter Mann mit einer Schirmmütze stand vor dem Laden und fragte Groll nach seinem Wunsch. Er suche eine Lederjacke, sagte Groll und wolle das ausgestellte Exemplar probieren. Das könne er ruhig machen, sagte der Mann und nahm die Jacke mittels eines Hakens von der Stange. Verkaufen könne er Groll die Jacke allerdings nicht.

„Warum“, fragte Groll.

„Zu teuer“, sagte der Mann.

Er habe Geld, antwortete Groll.

Er könne vom Preis, zweihundertfünfzig Dollar, höchstens zehn nachlassen, fuhr der Mann fort.

„Warum so wenig“, fragte Groll.

Mehr erlaube der Eigentümer nicht, sagte der Verkäufer, er könne nichts dafür. Er reichte Groll die Jacke. Der schlüpfte hinein, sie paßte wie angemessen.

„Wunderbar“, sagte Groll. „Die nehme ich. Zweihundertvierzig also.“ Er griff in das Rollstuhlnetz und suchte seine Geldbörse.

„Lassen Sie“, sagte der alte Mann. „Ich kann Ihnen die Jacke nicht verkaufen, sie verschmutzt zu leicht.“
„Mein Bruder ist in der Reinigungsbranche“, erwiderte Groll.
„Die Jacke ist zu teuer“, beharrte der Mann und fügte hinzu: „Zu teuer für einen Rollstuhlfahrer.“
„Ich fahre einen Cadillac“, sagte Groll.
„Ich auch“, sagte der alte Mann. „Und mein Bruder heißt Rockefeller.“
„Hören Sie“, sagte Groll. „Ich möchte diese Jacke kaufen, und es geht Sie einen Dreck an, ob ich mir die Jacke leisten kann oder nicht. Die USA sind ein freies Land, in dem jedermann sich genau die Lederjacke kaufen kann, die ihm gefällt.“
„Nicht bei mir“, sagte der Mann. „Ich achte darauf, daß ich meine Kunden nicht überfordere. Der Beruf des Kaufmanns hat auch eine ethische Komponente. Verlangen Sie nicht von mir, daß ich sie vernachlässige.“
„Dann schenken Sie mir die Jacke!“
„Das würde ich ja gern“, sagte der Mann. „Aber ich kann Ihnen die Jacke nicht schenken. Es wäre unfair.“
„Wieso?“
„Es wäre die Bevorzugung eines Angehörigen einer Minderheit, die darauf beharrt, so behandelt zu werden wie alle anderen Menschen.“
„Ich hasse die Independent Living-Schwätzer“, sagte Groll.
„Sie haben nicht das Recht, für andere zu sprechen“, entgegnete der Mann.

„Ich würde es ethisch verkraften, wenn Sie mir die Jacke kostenlos überlassen. Ich könnte Ihnen auch einen symbolischen Preis bezahlen, wie wäre es mit einem Dollar?“ versuchte Groll es von neuem.
„Die Jacke ist zu teuer für Sie“, sagte der Mann traurig. „Glauben Sie mir, ich habe ein Auge dafür, was Menschen sich leisten können, ohne sich ungebührlich zu verausgaben. Ich will an Ihnen nichts verdienen. Ich will Sie nicht ruinieren.“
„Das ist sehr freundlich von Ihnen“, sagte Groll. „Ich schätze Ihre Überlegungen, aber sie helfen mir nicht bei meinem Problem: Ich will eine Lederjacke. Und zufälligerweise ist diese Jacke hier genau das, was ich suche.“
„Sie sind sehr hartnäckig“, sagte der Mann. „Aber das wäre ich an Ihrer Stelle wahrscheinlich auch. Es muß furchtbar sein, ohne Lederjacke durchs Leben zu gehen.“
„Sie können sich ruhig über mich lustig machen“, sagte Groll. „Das stört mich nicht. Aber verkaufen Sie mir die Lederjacke. Ich werde auch niemandem sagen, woher ich sie habe.“
„Das ist das Elend mit euch Jungen“, sagte der alte Mann traurig. „Man sorgt sich um euer Wohlbefinden, und ihr habt nur das Geschäft im Auge.“
Der Mann trat in den Laden, schloß die Tür von innen ab und schüttelte den Kopf. Dann ging er nach hinten. Groll konnte dem Mann nicht lange nachschauen, das Glas in der Tür war sehr schmutzig.

Unterer Broadway

„Ich mag die Börse. Ohne sie wäre die Südspitze von Manhattan eine zivilisatorische Wüste, es gäbe keine Coffee Shops, keine japanischen Mittagsbuffets, keine Zeitungsstände“, sagte Groll zum Dozenten, als sie den Broadway Richtung Süden liefen. Groll wollte zum Battery Park, der die beste Aussicht auf die Upper New York Bay und die dortigen Schiffsbewegungen bot. Der Dozent lief in langen Schritten neben Groll her. Vorbei am Standard & Poors Building und einem riesigen Bullen aus Bronze, der auf einem Fahrbahnteiler aufgestellt worden war, ging es in einem angenehmen Tempo bergab – der Broadway ist in dieser Gegend abschüssig; ein Rollstuhlfahrer kann sich bequem treiben lassen.

Daß die Linke orientierungslos ist, sei ihm nicht neu, sagte der Dozent, daß man aber gleich die Fronten wechsle, widere ihn an. Er habe sich nicht in den Kapitalismus verschaut, widersprach Groll. Er schätze die Börse nicht nur deswegen, weil sie Leben in eine sterile Wolkenkratzerlandschaft bringe, sondern auch, weil er jedesmal, wenn er an ihr vorübereile, an eine Geschichte denken müsse, die Geschichte eines Mädchens, in das er vor Jahren verliebt gewesen sei.

„Erzählen Sie“, sagte der Dozent und wischte sich den Schweiß von der Stirn.

„Das erste Mal sah ich sie auf der Bühne“, sagte Groll weiterfahrend. „Eine Laienbühne gab eine Verwechslungskomödie, und das Mädchen spielte die Hauptrolle. Sie war hinreißend: langes, schwarzes Haar, eine geheimnisvoll dunkle Stimme und die traurigsten Augen, die die Welt je gesehen hat. Ich habe mich sofort in sie verliebt. Nach der Vorstellung besorgte ich mir ihre Telefonnummer und lud sie am nächsten Tag zu einem Kaffee in ein Wiener Hotel.“

„Hat sie die Einladung angenommen?“

„Sie war pünktlich wie die Börsenaufsicht. Und sie war blond, fahlblond – und sie hinkte. Nachdem wir drei Worte gewechselt hatten, hatte ich das blonde Haar vergessen und verliebte mich von neuem in sie. Mit sechzehn hatte sie ein Bein durch einen Unfall verloren und trug daher eine Prothese. Sie war gerade aus dem brasilianischen Dschungel zurückgekehrt, wo sie zwei Jahre mit einer Straßentheatertruppe durch die Marktflecken am Amazonas getingelt war. Der kaputten Prothese wegen mußte sie wieder nach Wien, und da nutzte sie die Zeit, um Theater zu spielen.“

„Daran denken Sie also, wenn Sie an der New York Stock Exchange vorbeikommen“, sagte der Dozent und keuchte vor Anstrengung.

„Daran und an eine Geschichte, die das Mädchen mir erzählte, die Geschichte vom Silberbergbau im bolivianischen Potosi, wo sie einige Wochen zugebracht hatte“, erwiderte Groll. „Einst das größte Silberbergwerk der Welt, rentiert sich der Abbau im großen Stil nicht mehr. Den wenigen Bergleuten aber ermöglicht die Silberausbeute das Überleben. Die Berggenossenschaft der Hauer gestattet ihnen die Einfahrt in die Grube. Drinnen ist dann jeder auf sich allein gestellt, jeder folgt seinem eigenen Gang, gräbt eigene Schächte, und so weiß keiner, wie es in dem Berg aussieht, der wie ein Ameisenhaufen von Stollen durchfurcht ist. Immer wieder werden Gänge verschüttet, brechen Stollen ein – die Leute graben buchstäblich über den Köpfen ihrer Genossen. Wenn ein Glücklicher Silber findet, tut er alles, um das Geheimnis für sich zu behalten. Und die vielen, die nichts finden, trösten sich mit der Aussicht auf eine neue Chance am nächsten Tag. Die Hauer nehmen Marienbilder und andere Kultgegenstände in die Grube mit. Sie beschwören ihre Götzen, und sie rackern sich zu Tode. Daran denke ich, wenn ich an der New Yorker Börse vorbeikomme."

Der Dozent antwortete nicht. Er war von einem Schwarzen fasziniert, der tiefgeduckt mit seinen Rollerblades über den Asphalt des Battery Parks flitzte. Einen Arm hatte der Junge auf den Rücken gelegt, mit dem anderen holte er weit aus. Unwillkürlich ahmte der Dozent die Bewegung nach.

London, Eversholt Road

Wenn man von Camden Town kommend die Eversholt Road entlangfährt, erstreckt sich linker Hand ein alter Ziegelbau, dessen Geschäftszeile von trostlosen Cafés, einem Wettbüro und mehreren Sexshops gebildet wird. Die Sexshops strahlen Hoffnungslosigkeit und Tristesse aus, nur ein Laden ragt aus dem allgemeinen Verfall heraus, seine Fassade glänzt in frisch aufgetragenem Dunkelgrün, und über der Eingangstür hängen zwei Scheinwerfer, die ein schmächtiges Schild beleuchten: Transformation Shop. Groll fuhr in das Geschäft und glaubte sich anfangs in einem betulich eingerichteten Sexshop für liberale Hausbesitzer, doch als er sich ein wenig umgesehen hatte, fiel ihm auf, daß das übliche Sortiment an Pornoheften, Videos und Vibratoren fehlte, statt dessen fand er eine große Auswahl an Damenunterwäsche und spezielle Einlagen zur Vergrößerung von Hüften und Brüsten in allen Größen vor. Ob er einen Kaffee trinken wolle, fragte eine Frau, die im Hintergrund des Lokals auf einem Sofa saß. Dankend nahm Groll die Einladung an. Bald erfuhr er von der Frau, die nicht mehr ganz jung war und angenehm roch, daß es sich bei dem Laden um eine Filiale der Transformation Shops von Stephanie Anne Lloyd handelte, einer Frau, die einst als Keith Hull in eine Familie strenggläubiger Methodisten geboren worden war und die im Alter von vierzig Jahren eine Geschlechtsumwandlung an sich hatte vornehmen lassen. Auf dem Weg zu ihrem neuen Geschlecht seien ihr die Angetraute, drei Kinder, die Eltern und schließlich ein gut dotierter Bankjob abhanden gekommen, fuhr die Verkäuferin fort, während sie Kaffee einschenkte, einige Jahre lang habe Stephanie auch als Prostituierte arbeiten müssen, um die Kosten der Operationen bestreiten zu können, aber jetzt sei sie wieder verheiratet, dieses Mal mit einem Mann, und betreibe Transformation Shops in England, Dänemark, Deutschland und den USA und eine Klinik für Geschlechtsumwandlungen in London. Ob Groll auch sein Geschlecht ändern wolle? Nein, sagte der, er trinke nur gern Kaffee. Das sei in Ordnung, sagte die Frau, sie wolle keinen Druck auf ihn ausüben, aber wenn er es sich einmal anders überlegen sollte, wisse er jetzt, wo er sich hinwenden könne. Mit diesen Worten reichte sie Groll ein klobiges schwarzes Ding. Er habe noch nie eine Yams-Wurzel in den Händen gehalten, sagte Groll. Ob er sich bei Yams-Wurzeln auskenne, wollte die Verkäuferin daraufhin wissen. Ja und nein, antwortete Groll, zwar habe er noch nie eine gesehen, aber dieses Ding in seinen Händen, das, wie er nun bemerkte, eine geräumige Röhre aufwies und obendrein auch noch zu vibrieren begann, erinnere ihn nun einmal an eine Yams-Wurzel. Vielleicht sei er in einem früheren Leben einmal einer Yams-Wurzel begegnet, setzte die Verkäuferin nach. Vielleicht, sagte Groll. Ob er sich wirklich seines Geschlechts sicher sei, begann sie von neuem. Ohne Bart und mit ein bißchen Make-up könne er eine passable Lady abgeben, die nicht lange allein sein werde. Nicht wenige Männer hegten eine spezielle Vorliebe für Frauen im Rollstuhl. Sein Brustansatz gebe zu schönen Hoffnungen Anlaß. Das seien Muskeln, erwiderte Groll im Bewußtsein der Lüge. Wir werden dementsprechend weniger Hormone brauchen, sagte die Verkäuferin und goß Kaffee nach. Dabei beugte sie sich vor, und wieder fand Groll, daß sie sehr gut roch. Dann saßen sie lange nebeneinander auf dem Sofa und blätterten einen Katalog durch, der die einzelnen Schritte einer Geschlechtsumwandlung beschrieb. Ihre würde sich in diesen Tagen zum fünften Mal jähren, sagte die Verkäuferin, und sie habe keinen Tag bereut. Ich gratuliere von Herzen, sagte Groll. Er fand ihren Geruch wirklich außerordentlich.

Holland Park Avenue

Schon von weitem sah Groll die Blinklichter des Einsatzfahrzeuges, und als er näher kam, was der ansteigenden Holland Park Avenue wegen nicht leicht war, verstand er, warum die Menschen sich auf einer Straßenseite sammelten und Polizisten die Fahrspuren auf eine verengten. Auf der gegenüberliegenden Straßenseite wurden mächtige Platanen gestutzt, armdicke Äste schlugen krachend auf den Asphalt. Die Platanen hatten auf Groll immer unnahbar gewirkt, so wie die herrschaftlichen Häuser mit ihren prunkvollen Stiegenaufgängen, ihren hochnäsigen Panoramafenstern in der Beletage und ihren Autozufahrten aus Kies oder grobem Asphalt. Die Platanen machten sich ausschließlich in den Nobel- und Parkbezirken der Stadt breit, kaum eine verirrte sich in die Bezirke der Arbeiter und Einwanderer. Er war überrascht, daß jemand in London die Kühnheit besaß, den Aristokraten unter den Bäumen so brutal zu Leibe zu rücken. Mindestens ein Oberhausbeschluß muß dafür erforderlich gewesen sein, dachte Groll, als er den Blick hob. Erst spät erkannte er den kleinen Mann, der behende in der Baumkrone herumturnte, nur notdürftig mit einem Seil gesichert und in einer Hand eine mächtige Motorsäge haltend. Die Bewegungen des Mannes, er war von dunkler Hautfarbe, wahrscheinlich ein Pakistani oder ein Inder, waren gewandt und zielstrebig, dennoch schwindelte Groll schon beim Zusehen, die Sache war ihm zu halsbrecherisch. Wenn es nach ihm gegangen wäre, hätte man die Platanen einen Meter über dem Straßenniveau abschneiden sollen, dann hätte die Sonne einige Jahrzehnte lang ein wenig Licht in diesen Boulevard des düsteren Reichtums gebracht.

Groll durchstieß die Reihen der Gaffer und rollte über eine Rampe in die kleine französische Bäckerei, die er ihres Kaffees und ihrer frischen Brötchen wegen schätzte. Die Verkäuferin rief ihm einen Morgengruß zu und beeilte sich, Grolls Frühstück zuzubereiten.

Als er den Laden verließ, war die Menschentraube weiter angewachsen; auch die Autofahrer, die von den Polizisten an der Fahrbahnenge vorbeigelotst wurden, verdrehten die Hälse nach dem waghalsigen Mann in der Baumkrone. Groll riskierte keinen Blick mehr, er konzentrierte sich auf die vor ihm liegende Meile, die bergauf führte und kurz vor dem Gipfel bei Charing Cross ihre größte Steigung aufwies. Er schlüpfte aus seinem Pullover, legte ihn über seine Oberschenkel und machte sich auf den Weg.

Sechs Stunden später nahm Groll die Avenue in der umgekehrten Richtung unter die Räder. Säuberlich gestutzte Platanen säumten die erste Hälfte des Wegs; die herabgefallenen Äste waren an Ort und Stelle von Hilfstrupps zerkleinert und in einer großen Schreddermaschine zu Häcksel verarbeitet worden, und die Häckselberge wurden laufend von großen

Krangreifern auf Lastautos geschaufelt und weggebracht.
Wieder sah Groll schon von weitem das Blinken der Einsatzfahrzeuge, aber diesmal waren es mehr Lichter als am Vormittag, und die Menschen, die eine dichte Traube bildeten, sahen nicht mehr nach oben zu den Platanen, sondern sie stellten sich auf die Zehen, um auf den Boden sehen zu können. Groll hörte ein Signalhorn, und im nächsten Moment raste ein Ambulanzwagen an ihm vorbei.
An der nächsten Seitengasse verließ Groll die Holland Park Avenue, er zog es vor, durch die Seitengassen zu seinem Hotel zurückzufahren. Auch wenn er damit einen großen Umweg in Kauf nahm und sich der Annehmlichkeit des Bergabfahrens beraubte: in den Seitengassen standen keine Platanen, auf die irgendwelche arme Seelen klettern mußten, um sich den Lebensunterhalt zu verdienen.

London, Westend

Der alte Chinese, der Groll gegenüber saß, mußte seine Beine seitlich wegstrecken, um nicht an den Fußstützen des Rollstuhls anzustoßen. Jedes Stückchen Fleisch, das der Alte auf seinem Löffel fand, quittierte er mit einem beifälligen Grunzen. Groll nickte dem Alten freundlich zu, der aber hatte nur Augen für seine Suppe. Der Kellner reagierte erleichtert, als Groll die Rechnung verlangte. Der Rollstuhl blockierte zwei Sitzplätze, und im anlaufenden Abendgeschäft bedeutete das einen schmerzlichen Verlust. Groll erkundigte sich nach den Toiletten. Die seien im Keller, erfuhr er zu seiner Bestürzung. Grußlos verließ er das Lokal. Seine Spekulation, ein stufenlos befahrbares Lokal würde ebensolche Toiletten aufweisen, war falsch gewesen, und er ärgerte sich ob seiner Naivität. In Londons Chinatown liegen die meisten Restaurants mehrere Stufen unter dem Straßenniveau, Groll beschloß daher, ins nahegelegene Theaterviertel zu wechseln. Die Abendvorstellungen begannen, und Groll rechnete sich gute Chancen aus, in einem der Theater eine rollstuhlgerechte Toilette zu finden.

Nieselregen setzte ein, und als er stärker wurde und Grolls Finger immer wieder auf den nassen Greifreifen abrutschten, wich er auf die Straße aus. Für einen Rollstuhlfahrer in London eine probate Alternative, denn die englischen Automobilisten befleißigen sich einer rücksichtsvollen und vorausschauenden Fahrweise. Noch auf den Londoner Stadtautobahnen fühlte Groll sich sicherer als auf dem Radweg der Wiener Ringstraße. Der Wechsel auf die Straße fiel ihm auch deswegen leicht, weil angesichts der überfüllten Bürgersteige an ein zügiges Vorwärtskommen nicht zu denken war. Schlangen von Menschen stellten sich für Kino- oder Theaterkarten oder auch für einen Autobusplatz an. Zeitweise waren die Schlangen so sehr ineinander verzahnt, daß der Fußgängerverkehr zum Erliegen kam.

An einer Kreuzung hob Groll den Kopf und wurde eines ehrwürdigen Theaters gewahr, das Albert Finney und Tom Courtenay ankündigte. Groll schätzte die beiden Schauspieler, seit er Tom Courtenays Darstellung eines Jugendsträflings in „Die Einsamkeit des Langstreckenläufers“ und Albert Finneys Studie eines rebellischen Jungarbeiters in „Samstagnacht und Sonntagmorgen“ im Kino gesehen hatte. Beiden Filmen war ein Text von Alan Sillitoe zugrunde gelegen, und Groll rechnete diesen Autor zu den großen.

Ein gutes Omen, daß der Eingang stufenlos ist, dachte er und reihte sich am Ende einer Warteschlange ein. Er hatte die Bremsen noch nicht verriegelt, als er auch schon an die Spitze vorgewinkt wurde. Er wolle keine Karte kaufen, sondern eine Toilette benützen, sagte er zur Kassiererin, die ruhig und freundlich den Weg zum cloakroom erklärte. Groll dankte, fuhr an den Wartenden vorbei und verlor nach wenigen Metern die

Orientierung. Nirgendwo war ein Hinweis auf eine Behindertentoilette zu sehen. Immer tiefer fuhr er in das Labyrinth der Gänge und Flure hinein. Nach längerem Umherirren wußte er nicht mehr ein noch aus. Er faßte sich ein Herz und klopfte an eine Tür. Er glaubte, eine gebrummte Antwort zu vernehmen und drückte die Klinke nieder. Ein massiger Mann saß mit dem Rücken zu Groll auf einem Schemel. Auf dem Schminktisch lag ein Manuskript, daneben stand eine halbvolle Whiskyflasche. Als Albert Finney Groll im Spiegel sah, stand er langsam auf. Er war nicht ungehalten, ja er schien nicht einmal überrascht. Er sei auf der Suche nach einer Toilette, sagte Groll, er bedaure die Störung, aber es werde mit jeder Sekunde dringender. Ein wunderbarer Grund, ins Theater zu gehen, sagte Finney und öffnete eine Tür in der Wand, die zu einer winzigen Toilette führte. Er wartete, bis Groll Platz genommen hatte, und schloß die Tür. Den Rollstuhl nahm er einstweilen zu sich in die Garderobe.
Über das Stück, welches Groll auf Einladung Finneys im Parkett verfolgen durfte, wußte er späterhin weder Gutes noch Schlechtes zu sagen. Das Publikum allerdings war hervorragend, es reagierte lebhaft und intelligent. Auch war das Theater gut geheizt. Finneys Spiel war von großer Art. Wie die frühen Romane von Alan Sillitoe, dachte Groll, als er sich spätnachts, vom Whisky beschwingt, die Kensington High Street hochkämpfte.

Salford bei Manchester

Groll öffnete das Fenster seines Hotelzimmers und schaute auf einen alten Schiffahrtskanal. Der Kanal war in tadellosem Zustand; Fischer saßen auf der grünen Uferböschung, dunkelhäutige Kinder spielten in den Sträuchern und hin und wieder zogen Hausboote vorbei, lange schmale Barken, die bunt bemalt und beflaggt waren und Groll an schwimmende Schrebergärten erinnerten, so liebevoll, ja fast pedantisch waren die Boote gepflegt. Groll wußte, daß im Gegensatz zu manchen Wiener Schrebergartenbesitzern die Bootsführer auf Englands Kanälen keine geistigen Schrebergärtner waren. Sie hatten zwar auch nicht den Weitblick von Seefahrern, aber immerhin verfügten sie über eine Art Vorausblick für mittlere Distanzen, und sie waren, das wußte Groll aus vielen Gesprächen, lebendige und aufgeschlossene Zeitgenossen.

Es ist nicht schwer, in England über das Kanalwesen gut informiert zu sein. An jedem Bahnhofskiosk sind drei Hochglanzmagazine erhältlich: *Canal and River Cruising, Canal boat and inland waterways* sowie *Waterways World*. Groll bevorzugte das letztere Magazin, denn in ihm schreibt der unvergleichliche Dominic Miles über Menschen, die das ganze Jahr auf Kanalbooten verbringen, er berichtet von Unfällen und anderen Ereignissen des Kanallebens, aber immer wieder kehrt er mit Leidenschaft und Detailwissen zu *seinem* Thema zurück: dem großen historischen Erbe des kohlegestützten Kapitalismus im England des achtzehnten und neunzehnten Jahrhunderts.

Die Industrialisierung war gleichbedeutend mit der Schaffung Tausender Kanäle gewesen, die Kohle mußte aus den Hügeln Mittelenglands zu den Stahlkochern und ans Meer verschifft werden. Abertausende rackerten sich bei den Grabungsarbeiten zu Tode, wurden verschüttet oder ertranken. Die Kanalwände wurden mit Schabmessern händisch ausgekratzt – die Spuren werden in Manchester-Castlefield heute noch präsentiert, und nicht nur Schulklassen stehen staunend vor den hochaufragenden endlosen Kanalwänden. Der Leistung der Ingenieure wird durch eine Vielzahl von Büchern und Broschüren gedacht; allein über James Brindley, den Konstrukteur und Erbauer des berühmten Bridgewater Kanals, der Manchester seit 1762 mit Liverpool und dem Meer verbindet, existieren siebzehn Publikationen. Den Kanalarbeitern aber, die oft aus Waisen- oder Armenhäusern herbeigekarrt wurden, sind, wenn überhaupt, nur einige wenige Zeilen gewidmet. Einzig Dominic Miles von der *Waterways World* schildert die entsetzlichen Lebensbedingungen der Digger, und wer die Reproduktionen und Stiche von Josephine Jeremiah studiert, die Miles Texte ergänzen, kann sich ein Bild von jenen Tagen machen, als das Kapital sich anschickte, nicht nur die menschliche Gesellschaft umzuwälzen, sondern auch die Landschaft unter den

menschlichen Pflug zu nehmen, Hunderte Flüsse neu zu graben, bestehende umzuleiten und zu vertiefen, Berge abzutragen, Tunnels zu schlagen und Sümpfe trockenzulegen. Innerhalb zweier Generationen hatte das Land im achtzehnten Jahrhundert sein Antlitz gewechselt; die feudale Agrarwirtschaft war zurückgedrängt worden, statt dessen wurde in einem ungeheuren Schöpfungsakt die Physiognomie des Landes vom Kapital neu modelliert. Und heute ziehen geschmückte Hausboote über die Falten des altgewordenen Antlitzes; auf den Wasseradern entledigen die Menschen sich der Geschichte, aber vielleicht ist das nur eine fromme Hoffnung, und die schmalen Rinnsale, die von der Steueranlage der Kanalboote ins Wasser tropfen, sind die ungestillten Tränen jener, die diese heitere und friedliche Welt mit bloßen Händen aus dem Stein gekratzt haben.
So dachte Groll, als er aus dem Fenster seines Zimmers auf den Bridgewater-Kanal schaute.

Irland, bei Spiddal

Die Steinmauern auf beiden Seiten der schmalen Straße zwischen Galway und Spiddal waren so hoch, daß Groll sich an eine Bobbahn erinnert fühlte. Die Straße führte über einen langgestreckten Hügel, und Groll hatte Mühe, seinen Rhythmus zu finden. Daß er nur an wenigen Stellen über die Mauern sah, machte ihm nichts aus, solange er sich auf die Steigung konzentrieren mußte. Auf der Hügelkuppe hielt er kurz an, schüttelte die Arme aus und setzte den Feldstecher an. Zu seiner Rechten lag der Lough Corrib mit seinen unzähligen Inseln, linkerhand befand sich die Bucht von Galway mit dem vorgelagerten Aran-Archipel. Die Luft über dem Meer war klar und durchsichtig, über dem See aber hingen Nebelbänke.

Langsam setzte Groll seinen Weg fort. Obwohl er nur eine kurze Strecke überblicken konnte, fuhr er in der erhöhten Straßenmitte, um der kraftraubenden Querneigung am Straßenrand zu entgehen. Ein Auto würde sich schon von weitem durch den Motorlärm bemerkbar machen, hoffte er. Nach einer kurzen und kurvenreichen Abfahrt stieg die Straße wieder steil an. Groll bemühte sich, während der Kurbelarbeit an den Treibreifen das Meer nicht aus den Augen zu verlieren – die Anstrengung fiel ihm dadurch leichter. Als er auf dem Scheitelpunkt des Hügels angelangt war, sah er sich

plötzlich im Rücken einer Rinderherde. Die Tiere trotteten über die Straße verteilt gemächlich dahin.
Groll fuhr näher. Vielleicht würden sich zwischen den Tieren Lücken ergeben und er könnte die Herde wie ein Radrennfahrer, der den Anschluß an die Spitzengruppe infolge eines Reifendefekts verloren hatte, von hinten aufrollen. Da wandte sich plötzlich ein Kalb um und starrte Groll neugierig an. Groll bedeutete dem Tier mit einer knappen Bewegung des Kinns, es möge weitergehen. Aber das Kalb schüttelte den Kopf und blockierte die Straße. Vergeblich versuchte Groll das Tier zum Gehen zu bewegen, das Kalb stand wie angewurzelt. Schließlich umrundete Groll das Kalb, indem er sich auf der Bankette, die von losen Steinen aus der Mauer übersät war, durchkämpfte. Kräftiger Armeinsatz war nun vonnöten, denn die Steigung nahm zu. Gleichmäßig den Rollstuhl mit den Händen weitertreibend, achtete Groll nicht auf das Klappern der Hufe in seinem Rücken, bis er auf einmal den warmen Atem des Kalbs in seinem Nacken spürte. Groll steigerte das Tempo, und er kam dadurch den vor ihm trabenden Kühen näher. Aber auch das Kalb hielt mit ihm Schritt. Grolls Hände waren schweißverklebt, und manchmal rutschten seine Finger auf den glatten Treibreifen durch, sodass er gegenüber der Herde wieder zurückfiel. Das Kalb passte sich seiner Geschwindigkeit an. In Gedanken beschimpfte Groll das Tier, er hütete sich aber, zu sprechen, denn er brauchte die Luft für den Berg.

Bald war dessen Kuppe erreicht. Groll hielt an, schüttelte die Arme aus und beobachtete die Bucht von Galway durch das Fernglas. Ein Küstenmotorschiff hatte eben den Hafen verlassen, es zog einen weißen Gischtstreifen hinter sich her, der sich in der dunkelblauen See verlor. Groll versuchte, die Kennung des Schiffes zu lesen, aber da wurde sein Fernglas sanft zur Seite getaucht. Erschrocken setzte Groll das Glas ab. Vor ihm stand das Kalb und nickte mit dem Kopf, als wolle es ihn zum Spielen auffordern. Groll schlug die Einladung aber aus und nahm Fahrt auf. Die Herde war inzwischen ein schönes Stück entfernt. Nach einer Weile setzte Groll das Glas erneut an. Das Schiff war nur mehr schwer auszumachen. Wieder spürte er einen sanften Druck, und wieder wurde das Glas zur Seite getaucht. Dieses Spiel wiederholte sich noch mehrere Male. Immer wenn Groll das Glas ansetzte, tauchte das Kalb es mit dem Kopf zur Seite.
Groll kapitulierte und nahm die Verfolgung der Herde auf, die er auch bald eingeholt hatte. Die Tiere waren gerade dabei, in einen Feldweg abzubiegen. Eine Kuh war zurückgeblieben, wahrscheinlich wartete sie auf ihr Kalb. Und wirklich trabte das Kalb jetzt an Groll vorbei und schloß sich der Mutter an. Endlich hatte Groll freie Sicht. Er bremste den Rollstuhl ein und setzte das Fernglas an die Augen. Das Schiff war nicht mehr zu sehen.

Küssnacht, Vierwaldstättersee

Bedächtig fuhr Groll durch die hügelige Innerschweiz. Der Weg führte ihn an modernen Käsereien, herausgeputzten Dörfern und Chalets, vor denen Luxuslimousinen und italienische Sportwagen mit Züricher Kennzeichen parkten, vorbei. Seine Aufmerksamkeit aber galt den Bauernhäusern, deren Fassaden in grauschwarzem Holzlack glänzten. Nirgendwo sonst wird soviel in Holz gebaut und nirgendwo werden die Häuser derart umsichtig gepflegt, dachte er. Im übrigen Europa wirken Machart und Zustand der Gebäude wie Jahresringe der Kriege und Wirtschaftskrisen, hier aber künden sie von einer Kontinuität des Friedens und des Wohlstands. Die abgeernteten Wiesen und die verstreuten Bauernhöfe kamen ihm unwirklich vor, und dieser Eindruck wurde noch dadurch verstärkt, daß fast jedes Dorf von einer Bahnlinie tangiert wurde, jeder Hügel mit einer Gebirgsbahn aufwartete und kein Grat und keine Felsnadel zu sehen waren, die nicht von einer Zahnradbahn oder anderen Aufstiegshilfen erschlossen wurden. Er glaubte sich in einer Spielzeuglandschaft, und es war ihm, als lenkte nicht er, sondern ein verborgenes Gehirn seinen Wagen durch die Idylle. Irgendwo im Berner Oberland muß eine titanische Steueranlage all die Bahnen und Busse und Schiffe führen, dachte er. Das muß die wirkliche Aufgabe der schweizerischen Armee sein, diesem Zweck dienen also die Bunker und Kommandostände. Nicht um die Abwehr eines Feindes ist es den Schweizern zu tun, sondern um einen geordneten Verkehrsfluß.

In einem Städtchen hatte er an einem Bahnhofskiosk Max Frischs „Wilhelm Tell für die Schule" erworben, ein Buch, welches er seit langem schätzte. Die Geschichte vom gutmütigen Landvogt Gessler, der nur widerwillig seinen Diplomatenjob bei den wilden Feudalherren der Innerschweiz angetreten hatte, und dem es mit Intelligenz und Verhandlungsgeschick in monatelanger Arbeit nicht nur gelungen war, die Stammesfehden zu stoppen, sondern darüber hinaus auch noch die Wiederaufnahme moderater Tributzahlungen an den Herrscher durchzusetzen, hatte großen Eindruck auf ihn gemacht. Auch die Beschreibung des einfältigen Schützen Tell, der für einen politischen Mord zu unbedarft, für einen guten Schuß aber immer zu haben war, erschien ihm plausibel. Heute würde so manche Weltgegend eines Gessler bedürfen, der die Hitzköpfe abkühlt und friedliche Verhältnisse durchsetzt, dachte er. Aber ein Tell, der die Vernunft aus dem Hinterhalt erschießt, findet sich immer, führte er den Gedanken zu Ende, und bog nach Küssnacht ab, weil er sich erinnerte, gelesen zu haben, daß die Ruinen des Gesslerschen Anwesens auf einem Hügel hinter der Ortschaft zu sehen seien. Dort wollte er haltmachen und den Blick über den Vierwaldstättersee schweifen lassen. Und wenn die Sonne dann noch nicht

von den Bergen verschluckt sein sollte, würde er sich in eine Wiese setzen und in dem Buch schmökern.
Eine frisch asphaltierte Bergstraße führte zum Gesslerhaus. Unglücklicherweise mündete die Straße aber bald in einen Steig, dem nicht mit dem Wagen und schon gar nicht mit dem Rollstuhl beizukommen war. Also machte Groll kehrt und rollte neben einem kleinen Betonbunker, offensichtlich ein Wasserpumpwerk, vorüber.
Auf der Suche nach dem Haus des Friedensbringers stoße ich auf ein nützliches Gebäude, dem auch ein Gessler seine Achtung nicht versagt hätte, sagte er sich und hielt an. Draußen auf dem See breitete ein weißes Linienschiff einen glitzernden Fächer hinter sich aus. Über dem Pumpwerk ging bereits die Sonne unter, aber über der Bucht würde sie sich noch einige Minuten halten.

Herrliberg, bei Zürich

Groll turnte vorsichtig über ein paar Steinstufen, ließ sich in den grünlich glänzenden Zürichsee fallen und pflügte durch Pappelblüten und angeschwemmte Blätter, bis er nach einigen kräftigen Armstößen freies Wasser gewonnen hatte. Die Sonne stand tief über der weißlich glitzernden Bergkette, die den See im Süden begrenzte, ihre Strahlen tauchten die Villen der Züricher Goldküste in ein warmes und mildes Licht.
Der Weg vom Parkplatz zum kleinen öffentlichen Strand von Herrliberg war zwar nicht asphaltiert gewesen, aber er war gut ausgetreten, und sofern man eine Baumwurzel mit der nötigen Vorsicht passierte, gelangte man als Rollstuhlfahrer gefahrlos zur schmalen Wiese am See. Groll hatte einen Liegeplatz gewählt, der es ihm ermöglichte, die Straße und den Parkplatz im Auge zu behalten; nicht weil er Angst um seinen Wagen hatte, sondern weil er den Verkehr beobachtete. Nirgendwo auf der Welt hatte er italienische Luxussportwagen und englische Nobellimousinen in so großer Dichte gesehen wie am Ostufer des Zürichsees. Nicht zu Unrecht trug die Gegend den Spitznamen Goldküste, die Städtchen, die Gärten, die Villen, ja selbst der Tonfall und die Umgangsformen der Menschen strahlten Reichtum aus, einen in sich selbst ruhenden, gelassenen Reichtum, wie er nur an wenigen Orten der Welt Zeit gehabt hatte zu wachsen. Es fügte sich, daß

in jenen Tagen, da Groll im See schwamm, der Skandal um jene Schweizer Großbanken, die Naziraubgold gehortet hatten, aufbrach, und sehr bald gewann Groll die Überzeugung, daß Ausmaß und Heftigkeit der Diskussion in der *Neuen Zürcher Zeitung* nur verständlich waren, wenn man sich vergegenwärtigte, daß der gediegene Reichtum der Goldküste seine Wurzeln unter anderem auch in den Konzentrationslagern der Nazis hatte.

Schon auf dem Weg war Groll ein älterer, distinguierter Herr aufgefallen, der ihn aufmerksam musterte, aber so, daß Groll möglichst nichts davon merken sollte. „Wenn er etwas von mir will, wird er mich schon ansprechen", dachte Groll, der es längst aufgegeben hatte, darüber nachzudenken, aus welchen Motiven andere Menschen ihn beobachteten oder, was auch immer wieder vorkam, anstarrten. Er hatte an sich selbst festgestellt, daß auch er behinderten Menschen großes Augenmerk schenkte, wenn sie in öffentlichen Räumen unterwegs waren. Ihn interessierte, wie zum Beispiel Spastiker mit Randsteinen und Drehtüren zurechtkamen, und Rollstühle betrachtete er schon aus professionellem Interesse genau, denn besonders auf Reisen sah er häufig technische Verbesserungen und Accessoires, die er sich dann auch besorgte. Schließlich gab es auch ein rein sportliches Motiv, wieso Groll andere Rollstuhlfahrer beobachtete: Er studierte für sein Leben gern die Fahrtechnik der Kollegen. Für sie muß mein Blick ähnlich wirken, wie die Blicke nicht-

behinderter Menschen, dachte er, sie wissen ja nicht, aus welchen Motiven ich sie beobachte.
Diese Gedanken gingen Groll durch den Kopf, als er gemächlich zur Einstiegsstelle zurückschwamm. Der ältere Herr ging einstweilen vor Grolls Badetuch auf und ab, immer wieder warf er einen Blick auf den schwimmenden Groll, und als der sich anschickte, über die Stufen hinaufzuturnen, konnte der Mann seine Neugier nicht mehr bezähmen. Heiser vor Anspannung sprach er Groll nach einer hingeworfenen Entschuldigungsfloskel an. Ob er Groll etwas fragen dürfe. Und auf Grolls Nicken: Wie lange Groll schon im Rollstuhl sitze? Ob jeder Rollstuhlfahrer soviel Autonomie erlangen könne wie er, Groll? Dann setzte der Mann sich zu Groll ins Gras und redete, immer noch atemlos, weiter. Vor drei Wochen habe sein Sohn in Südfrankreich einen nächtlichen Kopfsprung mit einer schweren Verletzung bezahlt; er liege in Zürich in einer Privatklinik und es sei wahrscheinlich, daß er querschnittgelähmt bleiben würde.
„Mein Sohn ist sehr verzweifelt", sagte der Mann und wischte sich unwillig ein paar Tränen vom Gesicht. „Ich will ihn trösten, egal womit. Als ich Sie gesehen habe, war das wie ein Trost. Seien Sie mir bitte deshalb nicht böse."
Groll schüttelte den Kopf und bot dem Mann, der den Kopf gesenkt hatte, eine Wasserflasche an. Der Mann sah erstaunt auf, lächelte und griff zu.

Royan, Frankreich

Der Strand lag verlassen. Die Dünung war zu stark und die Sonne stach vom Nachmittagshimmel. Nur einige Jugendliche spielten in einer abgelegenen Ecke Fußball. Groll saß im Strandcafé, er hatte seine tägliche Schwimmstunde schon lange hinter sich. Gleich am Morgen hatten ihn der Strandwärter und dessen Bruder, der Eisverkäufer, die hundert Meter durch den weichen Sand getragen und im knietiefen Wasser abgesetzt, worauf er sofort hinausgeschwommen war, auf die Brecher zu und in den dunstenden Horizont hinein. Seit er erlebt hatte, wie bequem es war, zum Wasser getragen zu werden, anstatt sich mit dem Rollstuhl im tiefen Sand abzuquälen, fand er nichts mehr dabei, die bereitwillige Hilfe der Männer anzunehmen.

Plötzlich erhob sich drüben am Strand ein großes Geschrei, Jugendliche rannten aufgeregt hin und her und fuchtelten mit den Armen. Nach einigen Minuten kam sogar der Strandwart gelaufen, der, wie immer um diese Zeit, ein Schläfchen in den Dünen gemacht hatte.

„Was ist los“, fragte Groll den Wirt. „Keine Ahnung“, sagte der. „Wahrscheinlich ist jemand ertrunken; jede Woche ertrinkt jemand bei uns. Die Leute trinken Alkohol, braten in der Sonne, und dann gehen sie ins Wasser. Aber der Atlantik ist nicht das Mittelmeer, da

gibt es hohe Wellen und Strömungen. Mit dem Atlantik ist nicht zu spaßen."
„Ich wünschte, die Schwimmer würden Sie hören, bevor sie ins Wasser gehen", sagte Groll und bestellte noch ein Glas Rotwein. Für heute würde er das Baden sein lassen und sich auf den Abend vorbereiten, wo er mit Freunden ins Landesinnere zur Cognacverkostung fahren wollte.
Am nächsten Tag kam er etwas später als sonst an den Strand. Sein Gesicht war blaß und er trug einen großen Strohhut, der seinen schmerzenden Kopf vor der Sonne schützen sollte. Unaufgefordert stellte der Wirt ein Glas Medoc vor Groll ab, aber der winkte ab und bat um ein Selterswasser.
„Die Aufregung von gestern ist geklärt", sagte der Wirt.
„So", sagte Groll teilnahmslos.
„Es war ein Unfall", fuhr der Wirt fort und lehnte sich an den morschen Zaun, der sein Café vom Strand abgrenzte. „Ein Brüderpaar hat gewettet, wie lange der Mensch ohne Sauerstoff auskommen kann. Der Ältere ließ sich vom Jüngeren in den Sand eingraben, so tief, daß nur der Kopf herausschaute. Der Eingegrabene muß seinem Bruder irgendwelche Schmähungen zugerufen haben, daraufhin geriet der in Wut, schaufelte das Lästermaul kurzerhand zu und holte sich dann seelenruhig ein Eis. Nach zehn Minuten legte er den Kopf wieder frei, aber der Bruder gab keinen Mucks mehr von sich. Der Jüngere wußte nicht,

daß der Mensch nur kurze Zeit ohne Luft aushält, seinem Bruder jedenfalls habe er schon zehn Minuten zugetraut, sagte er zum Strandwart, der die Wiederbelebungsversuche bald aufgeben mußte, weil ihm vom vielen Luftholen schwindlig wurde. Es tue ihm leid, daß er sich so verschätzt habe, sagte der Jüngere. Schließlich nahmen Rettungsleute den leblosen Bruder in einem Notarztwagen mit. Heute morgen kam dann die Nachricht, daß der ältere Bruder verstorben sei. Das kommt davon, wenn die Schulbildung immer schlechter wird. Der jüngere Bruder ist zwölf Jahre alt. Da sollte man schon ein wenig über den Körper Bescheid wissen."

„Hoffentlich merkt er es sich jetzt", stieß Groll mühsam hervor. „Dann ist sein Bruder nicht umsonst gestorben."

Sein Kopf schmerzte, und sein Gaumen fühlte sich an, als wäre er aus Leder. Cognac, nahm er sich vor, wird in Zukunft nicht mehr aus Wassergläsern getrunken. Wenn ich mir das merke, dann war der gestrige Rausch nicht umsonst.

„Es ist gut, wenn die Menschen Fehler machen", sagte Groll.

„Wenn sie dadurch klüger werden", ergänzte der Wirt.

„So und nicht anders kommt der Fortschritt unter die Menschheit", sagte Groll. „Bringen Sie mir jetzt doch ein Glas Medoc. Diese Erkenntnis muß gefeiert werden."

Die Hunde von Piräus

Es heißt, Piräus sei die Stadt der Schiffe und der Häfen. Aus diesem Grund hatte Groll auf der Reise nach Zypern ein paar Tage Aufenthalt eingelegt, um die berühmten Häfen und den Schiffsfriedhof von Salamina zu besuchen. Schon am ersten Tag aber hatte Groll die Erfahrung machen müssen, daß Piräus nicht nur die Stadt der Schiffe ist. Piräus ist auch die Stadt der Hunde.

Er war oberhalb des Hafens eine Seitengasse entlanggerollt, am frühen Nachmittag, mitten auf der Straße, die leer und ausgestorben war wie die Bürgersteige und Straßencafés, und unvermittelt hatte er sich in einem Rudel schwarzer, räudiger Hunde wiedergefunden, die mit hechelnder Zunge seine Verfolgung aufnahmen. Groll versuchte mit ruhigen und kraftvollen Handstößen den Rollstuhl zu beschleunigen. Er fuhr weiter in der Straßenmitte, um den Hunden, die in Ellbogenbreite neben ihm herliefen, die Zähne fletschten und knurrten, keine Angriffsmöglichkeit zu bieten. Auch vermied er es, den Leithund, der Groll am nächsten kam und mit einem schnellen Biß jederzeit Grolls Knie hätte zerfetzen können, anzusehen. So schnell er konnte, fuhr Groll die Gasse entlang. Er hoffte, daß irgendwann die Hunde aufhören würden, ihr Revier zu verteidigen, oder daß ein Auto die Hunde von ihm abdrängen würde. Aber die Gasse setzte sich über viele

Kreuzungen schnurgerade fort, kein Mensch war zu sehen, kein Auto, kein Radfahrer kreuzte Grolls Bahn, und die Hunde gebärdeten sich zunehmend aggressiver. Groll beschleunigte den Rollstuhl bis ans Limit. Er spürte den warmen Atem der hechelnden Tiere; er fühlte, wie die Hatz sie von Minute zu Minute wilder machte. Der Leithund fing an, nach den Schuhen zu schnappen, was Groll veranlaßte, noch mehr zu beschleunigen. Die Vorderräder begannen zu flattern, Groll mußte das Tempo zurücknehmen, was die Hunde mit einem triumphierenden Jaulen quittierten. Da spürte Groll, wie das Rollstuhlnetz von Bissen gebeutelt wurde, und von diesem Moment an war es um seine Beherrschung geschehen: Er bremste so abrupt, daß die Hunde voranstürzten und übereinander purzelten. Groll brüllte wie ein gehetztes Wild. Langsam Fahrt aufnehmend, brüllte er die Hunde weiter an und er sah dem Leithund mit allem Haß, der sich in ihm aufgestaut hatte, in die Augen. Er brüllte aber auch die Menschen an, die sich jetzt in Hauseinfahrten und auf Balkons zeigten, er beschimpfte sie in unflätiger Weise, auf jedes Lebewesen, das in seine Nähe kam, schrie er wie ein Besessener ein. Groll brüllte die Passanten noch an, als er längst die Hafenstraße entlangfuhr und von den Hunden nichts mehr zu sehen war. Und die Menschen sprangen zurück, machten den Gehweg frei und wandten sich erschrocken von ihm ab.

Stavrovouni Monastery

Während Groll Handschuhe überstreifte und eine Kappe aufsetzte, bereitete Chris, der Taxifahrer, sein Frühstück zu. Er winkte Groll kurz zu, der den Rollstuhl auf dem abschüssigen Parkplatz vor dem Kloster in Gang setzte. Der Berg, auf dem das Kloster Stavrovouni wie ein Adlerhorst klebte, war nur wenige hundert Meter hoch, aber er stieg wie eine Felsnadel aus der sanft geschwungenen Landschaft, und der Ausblick, der sich vom Kloster auf die Bucht von Larnaca, Kap Greco und Famagusta eröffnete, war atemberaubend. Während Chris Weißbrot brach und Halloumikäse schnitt, wandte Groll sich der Straße zu und nahm die erste Kehre in Angriff. Es war ausgemacht, daß Chris in einer Stunde folgen sollte.

Die ersten Kehren bereiteten Groll großes Vergnügen. So früh am Morgen stand die Sonne nur wenige Handbreit über dem Horizont des östlichen Meers. Um den Berg strich eine frische Brise, der Geruch von Thymian und Salbei würzte die nachtkalte Luft. In den Krüppelkiefern am Rand der Straße lärmten Tausende winzige Vögel. Sie waren von der Art, die Zyprioten gern auf den Grill legen. Groll hatte mehrmals versucht, Geschmack am Fleisch der handtellergroßen Tiere zu finden, aber er hatte immer wieder vor den spitzen Knöchelchen der Vögel kapitulieren müssen. Nach den ersten Serpentinen wurde die

Straße zusehends steiler. Groll hatte Mühe, nicht aus dem Rollstuhl zu rutschen, auch fiel es ihm immer schwerer, mit den Händen zu bremsen. Die Handschuhe wurden zuerst warm, bald darauf aber heiß, und zu seinem größten Entsetzen bemerkte Groll, daß sie sich aufzulösen begannen. Er wußte, daß mit dem Überschreiten einer bestimmten Geschwindigkeit die Vorderräder flattern und danach blockieren würden, worauf er auf die Straße oder in die stacheligen Büsche am Wegrand katapultiert werden würde. Seinen Freund Chris um Hilfe zu rufen, war aussichtslos, die Entfernung war zu groß. Grolls Hände brannten wie Feuer. Er fuhr in Schlangenlinien, um die Handinnenflächen, die er abwechselnd an die Treibreifen des Rollstuhls preßte, zumindest zeitweilig zu kühlen. Die Unwucht in den Hinterrädern führte dazu, daß der Rollstuhl nicht gleichmäßig zu bremsen war, sondern widerliche Schläge an die Hände weitergab. Groll war vollauf damit beschäftigt, den Rollstuhl auf der Straße zu halten. Ein Hornsignal, das dreimal vom Berg zurückgeworfen wurde, wußte er nicht zu deuten, und den blutjungen Soldaten, der mit quergehaltenem Karabiner die Straße sperren wollte, fuhr er fast über den Haufen. Nur ein katzengleicher Sprung rettete den Burschen vor einer Kollision. Groll bog in eine lange, steil abschüssige Gerade ein. Plötzlich hörte er das gleichmäßige Tackern eines schweren Maschinengewehrs. Am Ende der Geraden zogen Garben von Leuchtspurmunition über die Straße. Groll überlegte,

ob er gegen die Bergwand fahren oder einen Sturz ins Gebüsch riskieren sollte. Plötzlich fühlte er, wie der Rollstuhl zurückgerissen wurde. Er suchte verzweifelt mit den Händen nach Halt, da war der Soldat auch schon neben ihm und warf sich auf Groll. Als die beiden zum Stillstand kamen, dröhnten Maschinengewehrsalven über ihren Köpfen.
Der Soldat, so erfuhr Groll später, war ein junger Grieche, der seinen Armeedienst in Zypern ableistete. Er habe ihm gleich zweimal das Leben gerettet, einmal vor den Kugeln und das andere Mal vor dem Abgrund, sagte Groll und bedankte sich bei dem Griechen mit einem Wimpel des SC Wien-Nord, den er für Notfälle aller Art im Netz des Rollstuhls mit sich führte. In einer Manöverpause begleitete der Soldat Groll ins Tal. Das Gefälle war groß, aber mit dem Jungen an den Haltegriffen und dem abwechselnden Einsatz der Hände war bald das Schlimmste überstanden. Groll genoß den böigen Wind, er kühlte seine schweißnasse Stirn.

Apostollon, der Börsenguru

Um die Jahrtausendwende wurde die Börse in Nikosia eröffnet. Viele Zyprioten nahmen Kredite auf, um an der vermeintlichen Springquelle des Reichtums mitzunaschen. In Wirklichkeit erwies der Aktienboom sich als groß angelegte Geldabschöpfungsaktion. Die Börse war der Staubsauger, der den Zyprioten das Geld aus den Taschen zog und in die Tresore des großen Kapitals blies. Mit ungläubigem Staunen verfolgte Groll die Ereignisse und legte eine Sammlung der skurrilsten Schnurren an. Mit weitem Abstand führte eine Geschichte die Sammlung an, es war die Geschichte des Börsengurus Apostollon.

Sechzig Jahre war Apostollon Anastassiades aus Kakopetria am Fuße des Troodos-Gebirges Schafhirte gewesen. Er hatte den Beruf als Jugendlicher ergriffen und hätte seine Tage wohl auch als Schafhirte beschlossen, wenn die Börse in Nikosia aus ihm nicht einen reichen Mann gemacht hätte. Seinem Reichtum lag aber keine glückhafte Aktienspekulation zugrunde, sondern das Gegenteil: vollständiger Bankrott, die Vernichtung des gesamten eingesetzten Kapitals.

Und das kam so.

Als die Börse eröffnet wurde, entdeckten die Inselbewohner ihre Spielleidenschaft und investierten wie toll in neu gegründete zypriotische Aktiengesellschaften. Der größte Tourismusanbieter Zyperns ist der

Louis-Konzern, der im östlichen Mittelmeer auch zum größten Kreuzfahrtunternehmer aufgestiegen ist und Schiffe unter Vertrag hat, die zwischen Syrien, Israel, Ägypten, Rhodos und Zypern kreuzen. Als Louis an die Börse ging, glaubten die Zyprioten den Prophezeiungen der Louis-Manager. Das eingesetzte Kapital werde sich innerhalb weniger Monate vervielfacht haben, hieß es in den Prospekten. Indes arbeitete der Louis-Konzern mit einem doppelten Boden. Während die Publikumsaktien nur gegen hohe Ausgabeaufschläge zu haben waren, beteilte Louis Regierungsmitglieder, Oppositionsführer und hohe Beamte mit Aktien, die nur ein Zehntel dessen kosteten, was der Bankkunde zu zahlen hatte. Es waren diese privilegierten Aktienbesitzer, die mit einem blauen Auge aus der Aktieneuphorie ausstiegen, denn schon nach ein paar Wochen waren die Louis-Aktien nur mehr ein Zehntel des Ausgabepreises wert.

Der Schafhirt Anastassiades hatte von der Goldquelle im nahen Nikosia gehört und beschloß, auf seine alten Tage Millionär zu werden. Er verkaufte seine Schafherde, immerhin über zweihundert Tiere, und erwarb nach Vermittlung eines Vermögensberaters um sein gesamtes Vermögen Louis-Aktien. Binnen weniger Tage war das Lebenswerk des Schafhirten ruiniert, er mußte froh sein, als Sozialfall anerkannt zu werden. Da kam ihm ein Zufall zu Hilfe. Ein englischer Urlauber hörte vom Börsenpech des alten Mannes und setzte eine englische Boulevardzeitung auf die Story an. Eine

Woche später erschien der *Daily Mirror* mit dem Aufmacher: „So verspielte er sein Leben". Die Leser waren von der Geschichte des armen Schafhirten so angetan, daß sie mehr über diesen Mann, in dem sich viele wiedererkannten, erfahren wollten. Bald erschien das ereignislose Leben des zypriotischen Schafhirten als Fortsetzungsgeschichte, und es dauerte nicht lange, da druckten Zeitungen aus Australien, den USA und Kanada die Geschichten nach. Der *Daily Mirror* schickte zwei Reporter nach Zypern, die die Vita des spät zu Ruhm Gekommenen etwas bearbeiteten, so daß die Geschichte in die Länge gezogen werden konnte. Längst hatte Apostollon Anastassiades sich von seinem Vermögensberater getrennt. Eine Kaffeehausrunde alter Männer hatte dessen Stelle eingenommen. Sie handelte die Verträge mit Zeitungen und Fernsehstationen aus, sorgte für allerlei Details aus dem Leben des einsamen Schafhirten und kümmerte sich um eine breite Anlagestreuung der Honorare. Die Runde investierte unter anderem in amerikanische Rüstungsaktien und schottische Golfplätze. Apostollon Anastassiades erhielt wieder eine Schafherde, kleiner zwar als die alte, aber für einen Greis ausreichend.

Nach einigen Wochen ließ das Interesse der Zeitungen an dem Hirten nach. Nun wurden Wirtschaftswissenschaftler in Kakopetria vorstellig, die von Apostollon wissen wollen, welches Computermodell er für seine geniale Anlagestrategie verwendet hatte. Der Alte aber schüttelte nur den Kopf und schwieg. Auch eine

Ehrendoktorwürde aus Yale konnte ihn nicht zum Reden bewegen. Er wolle eine ordentliche Professur mit Lehrverpflichtung auf Lebenszeit, ließ Anastassiades über seine Kaffeehausrunde verlauten, dann könne man weitersehen.

Tonys Geschichte

Wenn Groll vormittags am kommunalen Hauptstrand von Larnaca erschien und sich durch den hartgepreßten Sand ans Ufer vorkämpfte, warteten eine Liege und ein Sonnenschirm auf ihn. Der alte Tony hatte aber nicht nur ein Auge auf Groll. Wenn es hieß „Mister Tony, a bed!" schleppte der alte Mann eine Liege und einen Sonnenschirm zu finnischen oder englischen oder ukrainischen Touristinnen. „Okay", fragte Tony dann so laut, daß man es noch bis zur Straße hörte. „Okay", fragte er mit schneidender Stimme, und es war mehr ein Ruf als eine Frage, einem Befehl näher als einer Erkundigung, und wehe dem, der nicht mit „Okay" antwortete. Tony trug einen zerknitterten Strohhut, ein Flanellhemd, eine lange und warme Hose sowie hohe Schnürschuhe. Nie wäre er auf die Idee gekommen, seinen Körper schutzlos der zypriotischen Sonne auszusetzen.

Tony ist noch nicht lange in Pension. Die Arbeit am Strand nahm er an, um einem Neffen auszuhelfen, der den Bettenverleih gepachtet hatte, aber an einem Bandscheibenvorfall laborierte, der sich erst spätabends, in den Diskotheken, besserte.

Tony hatte sein Lebtag als Straßenarbeiter geschuftet, und er liebte seinen Beruf über alles. Stundenlang kann Tony von Baustellen und aufwendigen Konstruktionen zum Stopfen von Schlaglöchern und zur Sanierung von abgerutschten Banketten erzählen. Der volkswirtschaftliche Schaden, der durch Schlaglöcher hervorgerufen wird, sei größer als die Einnahmen Zyperns aus dem Tourismus, sagt Tony, und Groll zweifelt nicht an seinen Worten, denn Tony kennt sich auf der Insel aus. Immer noch fühlt Tony sich seinem alten Beruf verbunden; wenn ihm das Rentnerleben zu langweilig wird, greift er zu Spitzhacke und Schaufel, schwingt sich aufs Fahrrad und fährt über Land, bis er eine abgerutschte Bankette findet. Ohne Baustellensicherung, ganz auf sich allein gestellt, saniert Tony die kaputten Stellen. Schlaglöcher gießt er mit Teer aus, das er in der Küche seines Häuschens zubereitet, und wenn er dann nach vollbrachter Arbeit in sein Dorf zurückkehrt, klingt sein „Okay!“ gar nicht mehr hart. Über die Schlaglochfrage kann Tony wie ein Universitätsprofessor philosophieren. Gern setzt er sich zu allein liegenden Urlauberinnen und stimmt seine Arie über Theorie und Praxis der Schlaglochsanierung an. Sein Pidgin-English bewirkt, daß kein Mensch versteht, was er vor sich hin brabbelt, aber da er seine Ausführungen in regelmäßigen Abständen mit einem schneidenden „Okay?“ unterbricht, bleibt der Gesprächsfluß aufrecht, und nicht selten muß Tony den straßenbautechnischen Intensivkurs in den Appartements der Touristinnen fortsetzen.

Eines Tages wurde Tony verhaftet. Er war in betrunkenem Zustand im englischen Stützpunkt Dhekelia aufgetaucht und hatte mitten in der Nacht mit Straßenbauarbeiten begonnen. Die britische Militärpolizei übergab ihn den zypriotischen Behörden, und die steckten ihn ins Zentralgefängnis Nikosia. „Very hot", sagte Tony, „Many, many people. Very funny." Jeden Tag brachten seine drei Söhne, Straßenarbeiter der eine, Bauingenieur der zweite und Maurer der dritte, dem Vater Wein, Brot und Halloumikäse ins Gefängnis. Zwei Monate saß Tony ein und unterhielt das Gefängnis mit seinen Schlaglochgeschichten, dann wurde er im Zuge einer Sommeramnestie entlassen.

So weit die Geschichte von Tony, der eigentlich Panicos Christodolou heißt und aus Xylotymbou im Osten Zyperns stammt.

Zypriotische Luft

Nach einigen Wochen auf den staubigen und holprigen Straßen der Insel ging Joseph die Luft aus. Mühsam schleppte Groll sich über Bodenunebenheiten, und der Wulst an den Hinterreifen wurde immer breiter. Nicht mehr lange, und die Felge würde schutzlos aufliegen. Also fuhr Groll die nächstliegende Tankstelle an. Ein älterer, kleiner Mann mit einem wettergegerbten Gesicht hockte in der Waschhalle, er hörte sich Grolls Bitte geduldig an, dann stand er auf, lotste den Rollstuhl zu einem vorsintflutlichen Kompressor und bemühte sich umständlich, Luft in die Reifen zu pumpen. Mehr als geschätzte zwei Bar schaffte er allerdings nicht. Zu wenig, sagte Groll. Seit vierzig Jahren presse er Luft in Autoschläuche, erwiderte der Alte, und noch nie habe jemand mehr als zwei Bar verlangt. Er brauche aber mehr, sagte Groll, zwei Bar seien keinesfalls ausreichend. Dann solle er es bei einer anderen Tankstelle versuchen, meinte der Alte, er könne ihm nicht helfen.

Eine halbe Stunde und drei Tankstellen später gab Groll auf. Nirgendwo waren mehr als zwei Bar zu bekommen. Traurig rollte er auf der Makarios Avenue zurück. Als er beim Alten mit dem Ledergesicht vorbeikam, sah er, wie dieser die Brückenwaage kehrte. Eben hatte ein Pick-up die Anlage verlassen und Sand und Staub aufgewirbelt. Inmitten einer Staubwolke zu kehren, zeugt mehr von Ordnungssinn denn von Verstand, dachte Groll noch, aber als er näher fuhr, sah er, daß der Mann fein säuberlich Steinchen und Erdkrumen von der Waage kehrte. Sie ginge sonst kaputt, sagte er erklärend, als Groll näher gekommen war. Und dann, mit einem Blick auf den Rollstuhl, sah er, daß immer noch Luft fehlte. Sie versuchten es neuerlich mit dem alten Gerät, brachten aber wieder nur zwei Bar zustande. Er solle hier warten, rief da der Alte Groll zu, schwang sich auf ein klappriges Fahrrad und fuhr davon. Eine halbe Stunde später war er mit einem seltsamen Gerät zurück, das wie eine Steueranlage von LKW-Kränen aussah. Er schraubte das alte Gerät ab und setzte das mitgebrachte ein. Dann schob er den Rollstuhl so, daß der Verschluß auf das Ventil geschraubt werden konnte, drückte Groll das Gerät in die Hand und preßte den Verschluß auf das Ventil. Ein explosionsartiges Zischen, und der Zeiger auf der Skala kletterte auf drei, vier, fünf Bar. In einem zweiten Versuch kamen sie auf die gewünschten sieben. Es sei verrückt, mit so viel Druck hier herumzufahren, sagte der Alte, dadurch sei keine Federung gegeben. Groll antwortete, das mache nichts, sein Kreuz sei ohnehin nicht mehr zu gebrauchen, und schließlich sei das ein Rennreifen, der die Leichtgängigkeit des Rollstuhls wesentlich erhöhe, wodurch die mangelnde Federung mehr als wettgemacht würde. Kopfschüttelnd schloß der Alte das Gerät an den zweiten Reifen an. Nachdem auch der aufgepumpt war, holte Groll seine Geldbörse aus dem Netz und fragte, wieviel er schuldig sei. Der Alte machte ein Gesicht, als würde er nachdenken, dann sagte er, jede Silbe einzeln betonend: *In Cyprus, my friend, the air is free!*

Groll hob die eine Hand zum Gruß, mit der anderen beschleunigte er auf dem asphaltierten Vorplatz. Joseph lief jetzt fast von alleine.

Die Rache des Zeitungsausträgers

Mitten in den Bergen Zyperns, zwischen dem Troodos Gebirge und dem Tal der Zedern, liegt der Insel reichstes und berühmtestes Kloster – Kykkos. Der Klosterkomplex schmiegt sich an eine Bergflanke, oberhalb des Klosters steht auf einem Felsen ein dreigeschoßiger Glockenturm mit Rundbögen und sieben darin frei hängenden Glocken, das Grabmal des Erzbischofs Makarios. An einer Seite des Klosters befindet sich ein einfaches Hotel, es ähnelt eher einem Gefängnis denn einer Herberge. Auf einem Parkplatz an einer Spitzkehre reihen sich Devotionalienstände aneinander. Nüsse, Schnäpse, Liköre, lokale Süßigkeiten, Plastikgewehre, griechische Pornohefte, Taucherbrillen und Schnorchel, Sonnencremes, Ansichtskarten und Reiseführer in allen Sprachen warten auf Bustouristen, die aus den Touristenzentren um Paphos und Aya Napa heraufgekarrt werden. Auf der anderen Seite des langgestreckten Gebäudekomplexes befinden sich die Lieferantenzufahrten sowie mobile Verkaufsstände mit Eis und gekühlten Getränken. Und ein niveaugleicher Seiteneingang ins Kloster.

Durch diesen fuhr Groll, langsam, denn er beobachtete interessiert die naive, bunte Malerei, die Szenen aus der Bibel zum Gegenstand hatte. Der innere Torbogen war über und über mit den kindlichen Szenen bedeckt, auch der Kreuzgang prangte in buntem

Design. Groll erinnerten die Darstellungen an die Bildchen in den „Wachtturm-Heften" der Zeugen Jehovas, in denen das Paradies in kitschigen und verlogenen Darstellungen verherrlicht wird. Die Lüge über das Paradies ist so frech, daß am Begriff des Paradieses zu zweifeln für jedes vernunftbegabte Wesen die zwangsläufige Folge ist, dachte Groll. Insofern betreiben die Zeugen Jehovas antireligiöse Aufklärung wider Willen und es schien, als würde die im Geld schwimmende Staatskirche Zyperns ihren Kollegen von der Beschwörung des Weltuntergangs in nichts nachstehen.
In einem weiteren Torbogen befand sich eine marmorne Bank. Auf ihr stapelten sich Zeitungen. Ein älterer Mann widmete sich mit übertriebener Genauigkeit der Aufteilung der Zeitungen in verschiedene Stöße. Die Bewegungen und die Hingabe des Mannes an diese Tätigkeit ließen Groll an einen geistig behinderten Menschen denken, und tatsächlich handelte es sich um einen solchen. Groll beobachtete den Mann bei der Arbeit. Ein junger, bärtiger Mönch in blauer Kutte saß neben den Zeitungsstapeln und redete andauernd in Richtung des behinderten Mannes. Der ließ sich die längste Zeit nicht irritieren und teilte Zeitung um Zeitung auf die Stöße auf. Als der Mönch sah, daß es ihm nicht gelang, den Zeitungsausträger zu stören, ging er dazu über, die Stöße ein wenig zu verrücken. Der geistig behinderte Mann reagierte darauf anfangs mit Geduld und Nachsicht, er tat so, als hätte der Wind

die Stapel verschoben. Mit zusammengekniffenen Augen richtete er die Stapel wieder gerade, mußte aber mitansehen, wie der Mönch die Zeitungen neuerlich verschob, diesmal stärker als zuvor. Wieder richtete der arbeitende Mann den Stapel gerade. Der Mönch verschob nun einen Stapel so weit, daß er zu Boden fiel. Nun war es mit der Gelassenheit des Zeitungsausträgers vorbei. Er knüllte mehrere Zeitungen zu einem Prügel zusammen und schlug, während er gotteslästerliche Flüche ausstieß, auf den Mönch ein, der beide Hände erhoben hatte, um sich vor den Schlägen des Entfesselten zu schützen. Mit bewundernswerter Regelmäßigkeit drosch der Zeitungsausträger auf seinen Peiniger ein. Die Führung durch das Museum hatte eben begonnen, außer Groll war niemand da, der dem Mönch zu Hilfe hätte kommen können. Groll postierte sich so, daß er die Züchtigung des Mönchs aus nächster Nähe mitverfolgen konnte. Mit verschränkten Armen stand er im Torbogen und bewunderte die Ausdauer des Zeitungsausträgers.

Latchi, 11. September 2001

Die Bucht von Chrysostou ist, obwohl eine der größten der Insel, nahezu unberührt von Tourismus und Freizeitindustrie. Hier gibt es weder Bungee-Jumping noch Disneyland, sondern Bananenplantagen, Eukalyptusbäume am Meer und Mufflons in den Bergen. Die Bucht erstreckt sich vom Kap Akamas im äußersten Westen Zyperns über vierzig Kilometer bis Pomos im Osten, dessen Häuschen über eine steil ins Meer abfallende Bergflanke verstreut liegen. Hauptort der Bucht ist das etwas landeinwärts gelegene Städtchen Polis, das in den achtziger Jahren von deutschen Aussteigern entdeckt worden war. Mittlerweile sind die Deutschen Hotelbesitzer im Süden der Insel, und abgesehen von ein paar Sommertouristen gibt es in der Bucht neben den Einheimischen nur eine Handvoll betagter Engländer, die in der Sonne Zyperns ihren Lebensabend verbringen und an den Picknickkörben und Sonnenschirmen an den Stränden zu erkennen sind.

Etwas außerhalb von Polis liegt der einzige Hafen, Latchi. Die Ortschaft selbst besteht nur aus einer hinter dem Hafenbecken vorbeiführenden staubigen Landstraße mit bröckelndem Asphalt, drei Läden und einigen Fischrestaurants. Am Ortsausgang befindet sich das älteste Hotel im Umkreis, das Splendid, ein Zweckbau aus den siebziger Jahren, zwei Stock hoch, siebzig einfache Zimmer, kein Lift, aber ein gepflegter

Pool mit begrünter Liegewiese oberhalb des Meers. Der Schotterstrand liegt ein paar Meter tiefer, das Wasser ist klar und rein, und die wenigen Seeigel halten einigen Respektsabstand zum Ufer. Von der Liegewiese überschaut man die gesamte Bucht, und man sieht nichts als die blauschwarze See, die bewaldeten Berge und die weiße Zackenlinie des Strands.
Zwei junge Amerikaner hatten Groll die Stufen vom Meer zum Pool hinaufgetragen; nach ein paar Runden im Süßwasser legte Groll sich auf eine Liege und ließ sich von der Sonne trocknen. Er genoß den Ausblick und lauschte den Schreien der Wildenten, die sich einen Spaß daraus machten, in halsbrecherischem Tempo wenige Handbreit über dem Meer dahinzujagen. Irgendwann verspürte Groll Durst. Er fuhr zur Bar, fand diese verwaist und rollte in die kleine Hotellobby. Eine alte, schwarz gekleidete Frau saß vor dem Fernsehgerät. Auch die Rezeption war nicht besetzt, also schickte Groll sich an, die Lobby wieder zu verlassen. Irgend etwas an der Alten ließ Groll aber innehalten. Er schaute in die Augen der Frau und erschrak. Vielleicht ist ihr Mann erst vor kurzem verstorben, dachte er. Vielleicht hat sie ihn aber auch umgebracht, war sein zweiter Gedanke, da fiel sein Blick auf den Bildschirm. Er sah die beiden Türme des World Trade Centers, einer der beiden brannte in den obersten Stockwerken. Die Katastrophenfilme Hollywoods taugen auch nur mehr zur Unterhaltung einsamer Witwen, dachte Groll noch, als er auf die Zeile *CBS*

Breaking News aufmerksam wurde. Was Groll nun sah, war kein Film. Es war unmittelbare Wirklichkeit. Nach neunzig Minuten, der Dauer eines Fußballspiels, nach Flugzeugattacken auf den zweiten Turm und das Pentagon und nach dem Kollaps der beiden Türme, verließ Groll die Lobby, in der sich die Gäste – Engländer, Libanesen, Amerikaner, Waliser – vor dem Fernsehgerät versammelt hatten, schweigend und fassungslos und mit vor Entsetzen geweiteten Augen. Groll fuhr zu seiner Liege zurück und starrte aufs Meer. Mit einem Mal schlug er die Hände vors Gesicht. Er glaubte Menschen aus dem Himmel fallen zu sehen, aber es waren nur Wildenten in ihrem Spiel über den Wellen.

Pyla, bei Larnaca

Er hatte die Norwegerin am Friedhof kennengelernt. Sie hieß Bente, und Groll fühlte sich auf eine eigenartige Weise zu ihr hingezogen. Bente war außergewöhnlich schweigsam. Wenn Groll sie etwas fragte, gab sie zwar Antwort, höflich und genau, aber mit wenig Worten und einem Ton, der es Groll nahelegte, auf weitere Fragen zu verzichten. Vom Friedhof aus bot sich ein grandioser Blick auf die weite Bucht, die Kalkfelsen von Kap Pyla, die Hotelzeile neben dem englischen Stützpunkt, die Raffinerie und den Handelshafen von Larnaca. Das Mädchen studierte die Bucht aufmerksam, als müsse es sich alle Einzelheiten einprägen.
Groll war auf den Friedhof gekommen, weil er seinem Freund Paris einen Besuch abstatten wollte. Paris war sechs Monate zuvor, zweiundzwanzigjährig, an Knochenkrebs verstorben. Die letzte Zeit war er regungslos im Bett gelegen, und sein Gesicht war das eines Heiligen gewesen. So hatten die Leute im Dorf gesprochen. Es war ihre Art gewesen, mit dem Unfaßbaren umzugehen, und zuerst waren sie gekommen, um dem Heiligen die Hand zu küssen, und dann, als es mit Paris zu Ende ging, waren sie gekommen, um sich von ihm segnen zu lassen; der junge Todgeweihte segnete die lebenden Alten. Nicht nur die Griechen des Dorfs waren gekommen, auch die Türken ließen es sich nicht nehmen, Paris ihre Aufwartung zu machen.

Als sie vom Schauen müde waren, lud Groll das Mädchen zum griechischen Dorfwirt. Nachdem sie eine Flasche roten Landwein geleert hatten, schlenderten sie über den Hauptplatz zum türkischen Dorfwirt und tranken auch dort eine Flasche Wein. Groll fand den türkischen Wein besser, Bente waren beide willkommen. Groll hätte gern ein paar Worte mit ihr gewechselt, aber Bente trank, ohne zu reden.

Es sei erbärmlich, jetzt mit dem Taxi nach Larnaca zurückzufahren, sagte Groll schließlich zu Bente. Besser wäre es, die sechs Kilometer auf der Straße zu laufen, die führe leicht bergab, und man komme durch Olivenhaine und Weizenfelder, und der Wind, der über die Felder streicht, rieche nach Salbei. Bente nickte zustimmend, und so machten die beiden sich in der beginnenden Dämmerung auf den Weg.

Auf den ersten beiden Kilometern bis zu den letzten Häusern des Ortes genossen sie noch die Aussicht auf die Bucht. Dann, als es immer dunkler wurde, konzentrierten sie sich auf das Gehen beziehungsweise das Rollen und kamen in einen guten Rhythmus. Bente machte sich einmal in die Felder davon und blieb einige Minuten aus. Groll war in Sorge um das Mädchen, er glaubte sich dunkel daran erinnern zu können, daß Schilder davor warnten, die Straße zu verlassen. Schließlich aber kam Bente wieder, und sie setzten den Weg fort.

Müde und durstig kehrten sie schließlich an der Uferstraße in ein Wirtshaus ein, das von Grolls Freund

Kyriacos geführt wurde. Sie aßen gut und ausgiebig und tranken dazu leichten Landwein. Als Groll seinem Freund gegenüber erwähnte, daß Bente in den Feldern verschwunden sei, um sich zu erleichtern, wurde Kyriacos bleich. Er rannte in die Küche und kam mit einer Flasche Krimsekt wieder. Auf Bente, sagte er und entkorkte die Flasche mit einem dumpfen Knall. Auf Bente und ihren Geburtstag. Bente sah erstaunt auf. Beidseits der Straße seien Tausende Minen vergraben, seit dem 74-er Krieg lägen sie dort in der Erde, es seien so viele, daß niemand sich die Mühe mache, sie zu entfernen, sagte Kyriacos und schenkte den Sekt ein. Bente hob das Glas und prostete Groll zu.
Auf uns, sagte sie.

Ankunft in Port Said

Pünktlich um acht Uhr machte die *Princessa Marissa* bei mittlerer Brise am südseitigen Ufer des Suezkanals in unmittelbarer Nachbarschaft des Fischereihafens fest. Seit Stunden harrte Groll auf dem hochgelegenen Aussichtsdeck aus; leere Espressoschalen, das Futteral eines Feldstechers und zwei volle Mineralwasserflaschen sicherten eine über dem Tisch ausgebreitete Seekarte. Die *Princessa Marissa* aus Limassol in Zypern hatte eine gute Überfahrt hinter sich. Daß ihr Schwesternschiff *Romantica* ein Jahr zuvor auf hoher See abgebrannt war, konnte den Glanz ihres Namens nicht trüben. Ganz Zypern hatte es damals für ein Wunder gehalten, daß bei der Katastrophe keine Menschen zu Schaden gekommen waren. Doch das Wunder hatte einen Namen gehabt: Royal Navy. Ihre Hubschrauber hatten das Schlimmste abgewendet.

Kurz vor sechs Uhr war die Sonne wie ein roter Schild über der Wüste aufgestiegen. Die *Princessa Marissa*, die auf einer schmalen Fahrrinne durch einen endlos scheinenden Wald von Ölfördertürmen gezogen war, schien direkt in die Sonne zu steuern. Nach den Möwen machten die Fischerboote ihre Aufwartung; steuer- und backbords strebte die Armada der offenen See zu: grüne, blaue, dunkelrote, weiß geränderte, rostzerfressene, bauchige, wanzengleiche hölzerne Schiff-

chen, auf denen Fischer letzte Hand an die Netze legten oder mit müden Augen der weißen Fähre nachstarrten.
Die Einfahrt in den Suezkanal hatte Groll mit offenem Mund verfolgt. Eine unüberschaubare Menge an Wasserfahrzeugen überzog die Wasseroberfläche mit einem Gespinst von einander kreuzenden und schneidenden Linien und torkelnden Schleifen. Erst nach und nach erschloß sich ihm die Ordnung des auf den ersten Blick chaotisch anmutenden Schiffsverkehrs: Blitzende Containerschiffe, schwimmenden Gebirgen gleich, mit dreizehn Metern Tiefgang und einer Vortriebsleistung von 30 Knoten, einer Geschwindigkeit, die vor Jahren nur Marineschnellbooten vorbehalten war, stoppten in der Kanalmitte; winzige, von Zweitaktmotoren angetriebene Nachen schwärmten aus, holten mit Handseilen mächtige Taue ab und befestigten diese an mannsgroßen Bojen; Schnellboote der Hafenbehörde zogen mit hochgerecktem Bug dem offenen Meer zu, an Bord Lotsen für die nächsten Ozeanriesen. Von der Reparaturwerft in Port Fuad kreuzte ein turmhoher Schwimmkran den Kanal und gab den Blick auf ein backsteinrotes Casino frei, das in Zentraleuropa als klassizistisches Bahnhofsgebäude durchgehen würde. Die Szene wurde überragt von der titanenhaften, von den Saudis finanzierten Moschee mit einer trostlos plumpen Kuppel und zwei in den Morgenhimmel ragenden Türmen, die Groll an überdimensionierte Spargelstangen erinnerten.

Einem Diarama gleich lag der kilometerbreite, grünlich schimmernde Kanal vor ihm, an beiden Ufern erstreckte sich die Stadt mit ihren modernen Wohntürmen, deren betongraue Monotonie durch Myriaden bunter Wäschestücke gebrochen wurde. Zwischen den Plattenbauten behauptete sich aber noch eine Vielzahl von einander stützenden drei- und vierstöckigen Holzhäusern, deren löchrige Veranden stolz zur Schau getragenen Zahnlücken glichen. Groll berauschte sich an den vielfältigen Geräuschen von Schiffen aller Bauarten, am Rasseln der Ankerketten, dem zitternden Baß von Signalhörnern, dem sonoren Stampfen von Dieselmotoren, dem Tuckern der Arbeits- und dem Sirren der Zweitaktmotoren. Dazu mengten sich das Geschrei der Möwen, die Werberufe der Händler auf der Mole und die abgehackten Kommandos waffenstarrender Polizisten. Über all dem hing der Geruch von Dieselöl, Bilgenwasser und Fischabfällen. Wollüstig ergab Groll, von den Eindrücken überwältigt, sich dem Rhythmus des Kanals.

Lissabon, am Tejo

Groll stand auf der Hafenmole und beobachtete die Manöver der Fährschiffe, die unablässig zwischen Lissabon und dem anderen Ufer des Tejo pendelten. Die Fertigkeit der Kapitäne, die die großen Schiffe mit Höchstgeschwindigkeit bis wenige Meter vor die Anlegestelle lenkten und erst im letzten Moment Gegenschub gaben, faszinierte ihn. Er achtete aber auch auf eine andere Szene. Nicht weit von ihm entfernt hatte sich eine Gruppe schwarzer Fischweiber niedergelassen. Sie waren in färbige Tücher gehüllt, lachten und schwatzten, tranken Mineralwasser und kauten Sonnenblumenkerne, deren Schalen sie mit kleinen Bewegungen der Lippen in den Fluß spuckten. Vor ihnen lagen Bastkörbe, in denen Fischstücke auf Käufer warteten. Die Fischhändlerinnen wurden von zwei Polizisten observiert, die in Steinwurfweite an ihrem Streifenwagen lehnten. Vereinzelt blieben Passanten stehen und erkundigten sich nach dem Preis der Fische, und manchmal wechselte auch eine Fischhälfte den Besitzer. So ging das einige Zeit, bis die Polizisten unvermutet auf die Fischweiber zutraten und sie mit herrischen Gesten aufforderten, den Platz zu verlassen. Die Frauen rafften ihre Siebensachen zusammen, Groll fürchtete schon, sie würden verhaftet. Aber die Polizisten standen nur und schauten streng, während die Frauen die schweren Körbe auf ihre Köpfe hoben und sich langsam in Bewegung setzten. Die Frauen gingen nicht weit, schon am Ende der Mole ließen sie sich wieder nieder. Die Polizisten schlenderten währenddessen zu ihrem Streifenwagen zurück. Nach einiger Zeit fuhren sie den Frauen nach, näherten sich ihnen aber nur auf Rufweite.

Eine halbe Stunde später vertrieben die Polizisten die Frauen von neuem. Dieses Schauspiel wiederholte sich mit der Regelmäßigkeit eines Uhrwerks, Groll wußte, daß es tagein, tagaus gespielt wurde. Nur am Sonntag bevölkern die Fischweiber mit ihren Männern, den hochgewachsenen Schweißern der Tankerreparaturwerft, die Innenstadt Lissabons; sie tragen ihre besten Kleider, schlecken Eis und essen Obstkuchen.

Das ist der höchste Stand der bürgerlichen Gesellschaft, dachte Groll. Als Agenten der Fischhändler jagen die Polizisten Konkurrenten des organisierten Fischhandels, welcher jenseits der Straße in der Fischhalle abläuft, als Citoyens aber gehen sie umsichtig vor, so daß die Frauen ihre Geschäftsgrundlage nicht gänzlich einbüßen. Sie könnten die Frauen verhaften und die Fische in den Fluß werfen. Aber sie scheuchen die Fischweiber nur auf; sie erschweren das Geschäft, verhindern es aber nicht. Somit halten die Polizisten die Mitte zwischen Rechts- und Sozialstaat. Sie verraten das Gesetz nicht an die Anarchie, aber sie sehen darüber hinweg, wenn die Anarchie zur Linderung der Armut führt. Sie stecken mit den Frauen aber nicht unter einer Decke – deren Verachtung für die Beamten ist nicht gespielt –, und doch ist weder der Haß der Frauen noch die herablassende Geringschätzung der Polizisten von persönlicher Art. Hier übt eine Gesellschaft, wie Basis und Überbau im Gleichgewicht gehalten werden können. Die Art und Weise, wie der Konflikt zwischen Fischweibern und Polizei ausgetragen wird, gibt eine Ahnung von den Möglichkeiten des Kooperierens, wenn nicht zum gegenseitigen Vorteil, so doch im Respekt vor den Zwängen des anderen. Welch nützliches Unternehmen der Staat doch sein kann, wenn er von Schiffsführern, Fischweibern und Polizisten betrieben wird, dachte Groll und verfolgte die Passage eines Küstenmotorschiffs, das langsam der großen Hängebrücke entgegenstampfte.

In den Masuren, Polen

Vorsichtig, mit abgezirkelten Paddelschlägen, fuhr Groll den Kanal entlang. Das Kunstoffkanu verzieh kein Wackeln, aber es lag gut im Wasser, und der Korpus des Schiffes war steif genug, die Wellen zu schneiden, die von einer kräftigen Brise landeinwärts gedrückt wurden. Groll steigerte die Schlagfrequenz, verließ den schützenden Kanal und nahm Kurs auf die einzige, im Sonnenglast flimmernde Insel des Sees. Eine Stunde oder mehr, rechnete er, würde er dorthin brauchen, und er war froh, daß die Entfernung ihm Zeit gab, seinen Rhythmus zu finden. Nach einiger Zeit würden auch seine Gedanken den Rhythmus des Paddelns annehmen, und vielleicht, so war jedenfalls seine Hoffnung, wäre es dann möglich, darüber nachzudenken, was gestern abend geschehen war.
Groll wußte nicht einmal den Namen des Sees, den Krysztyna, Ala und er, von Warschau kommend, aufgesucht hatten. Der Wagen war bis obenhin mit dem Armeezelt von Alas Bruder und Lebensmitteln für mehrere Wochen vollgepackt gewesen, und es hatte bis tief in die Nacht gedauert, bis sie den abgelegenen Campingplatz gefunden hatten. Anfangs war das Aufstellen des Zeltes planmäßig vor sich gegangen, Groll hatte die Metallstreben in den weichen Waldboden geschlagen, dann hatte er die Leinen gespannt und das Zelt hochgezogen. Später, als sie im Zeltein-

gang saßen, öffnete Ala eine Fischkonserve, auch Brot und Bier standen bereit, da krachte das schwere Zelt über ihren Köpfen zusammen. Krysztyna schrie hysterisch, Ala schwieg, begann dann aber zu lachen, so leidenschaftlich, daß Groll mitlachen mußte, was Krysztynas Zorn nur noch mehr anstachelte. Als sie sich aus dem Zelt ins Freie gearbeitet hatten, lachten Ala und Groll immer noch, Krysztyna aber schwieg. Sie schwieg auch noch, als Groll die Schlafsäcke aus dem Wagen holte und für die Nacht fertig machte. Er solle verschwinden, sagte sie dann unvermittelt, sie könne es nicht ertragen, mit einem Mann zusammen zu sein, der nicht einmal in der Lage sei, ein Zelt aufzustellen. Daraufhin hatte Groll seinen Schlafsack genommen und sich abseits der Frauen in einem Birkenhain niedergelegt. Gleich nach dem Aufwachen war er zum Bootsverleih gegangen und hatte sich das Kanu ausgeborgt, und jetzt paddelte er schon eine halbe Stunde, doch die Insel schien weiter entfernt denn je.
Plötzlich hörte er ein dumpfes Grollen, das rasch von einem metallischen Sirren überlagert wurde. Drei Militärhubschrauber zogen, aus der Sonne kommend, hoch über dem See dahin, drosselten aber dann die Geschwindigkeit und blieben hintereinander über dem Wasser in der Luft stehen. Obschon er dadurch etliche Wegmeter einbüßte, stellte Groll das Kanu quer, um freie Sicht zu haben. Als er nach dem Manöver aufblickte, sah er einen Körper aus der Kabine des vorde-

ren Hubschraubers fallen, der Mann ruderte mit Händen und Füßen, schlug hart auf dem Wasser auf, war für einen Moment verschwunden, tauchte aber gleich wieder hoch und kraulte zur Seite. Keine Sekunde zu früh, denn ein zweiter Körper schlug neben dem ersten im Wasser ein. Auch aus den anderen Hubschraubern purzelten Soldaten, und alle tauchten wieder auf. Die Helikopter gingen tiefer, liessen Seile zu Wasser und hievten die Männer, die sich festkrallten wie junge Katzen, mittels einer Motorwinde an Bord. Dann kippten die Maschinen seitlich über die Rotorblätter weg und gewannen schnell an Höhe und Geschwindigkeit. Augenblicke später war der Spuk vorbei, der See lag ruhig und verlassen. Groll richtete das Kanu nach der Insel aus und war bald wieder im Schlagrhythmus. Er dachte darüber nach, ob nach seiner Rückkehr am Abend der gestrige Streit ebenso schnell verschwunden sein würde wie die Hubschrauber über dem See, und er war froh, daß für die Antwort noch ein ganzer Tag Zeit war.

Was geschah, als die Arbeiter von Ásványráró den Kommunismus vorverlegten

In Ásványráró auf der Kleinen Schüttinsel wurde Gold gefunden. Seit altersher wurde in dem Dorf, das nur durch einen schmalen Streifen Auwald von der Donau getrennt ist, Schwemmgold aus dem Flußschotter gewaschen. Das war so unter den Habsburgern, das war so unter Hórthy, und das änderte sich auch in der Volksrepublik nicht. Das Goldwaschen war den Leuten von Ásványráró Entschädigung für die Überschwemmungen, die das Dorf heimsuchten. „Die Donau nimmt uns die Ernte, aber sie gibt uns Ersatz. Wir schwimmen im Gold", trösteten einander die Dörfler, wenn der Strom es wieder einmal übertrieb.
Noch in den fünfziger Jahren wurde in Ásványráró Gold gewaschen – immerhin so viel, daß eine Landwirtschaftliche Produktionsgenossenschaft, die den Abbau organisierte, vom ZK der Kommunistischen Partei mit dem Ehrentitel „Verdiente Goldgräber des Volkes" ausgezeichnet wurde. Bekanntlich zeichnete sich die Ökonomie des Sozialismus durch eine eigentümliche Zweiteilung aus; im offiziellen Sektor wurde investiert und im inoffiziellen Sektor – heute würde man sagen, der Schattenwirtschaft – wurde konsumiert. Aus vielen Betrieben trugen die Arbeiter alles, was nicht niet- und nagelfest war, davon. Sie taten dies aus zwei Gründen. Zum einen rächten sie sich so für die kräfte-

zehrende und gefährliche Industriearbeit, zum anderen wohnte der individuellen Aneignung von Kollektivvermögen auch ein utopisches Moment inne, nämlich die Verwirklichung einer vorgezogenen Vergesellschaftung, in der jedermann nach seinen Bedürfnissen und nicht nur nach seiner Leistung behandelt wird. Die Arbeiter von Ásványráró waren kluge Kommunisten, und sie schätzten ihre Lage nüchtern ein. Sie wußten, daß es beim gegebenen Stand der Produktivkräfte mit dem Kommunismus zu ihren Lebzeiten nichts werden würde, also verlegten sie für sich den Kommunismus ein wenig vor. Das Beispiel des sowjetischen Parteichefs Chrustschow vor Augen, der, zu Besuch in der DDR, auf einer Herrentoilette einen Wasserhahn abmontierte und seinem Sekretär übergab, wurde von den Genossen aufmerksam studiert. Von offizieller Seite hieß es zwar, Chrustschow habe das nur getan, um der sowjetischen Industrie ein Vorbild für die eigene Produktion mitzubringen. Die Proletarier des Ostens aber verstanden schon richtig. Und so bemühten sich auch die Leute von Ásványráró nach Kräften, ihren Goldwäschebetrieb zu schädigen. Die Vorzeigegenossenschaft wurde regelrecht skelettiert; kein Elektromotor und kein Sieb, das nicht seinen Liebhaber fand, keine Schreibmaschine und keine Füllfeder, die nicht in private Haushalte verbracht wurden. Die Angestellten der Produktionsgenossenschaft wetteiferten geradezu im Aushöhlen ihres Unternehmens. Es war dies eine inoffizielle und weit verbreitete Abart des sozialistischen Wettbewerbs.

Es kam, wie es kommen mußte: Eines Tages mußte die Genossenschaft den Betrieb einstellen. Ersatz für die entwendeten Teile wurde nicht geleistet, und die Behörden weigerten sich, für den Schwund aufzukommen. Weil die Wahrheit allen unbequem war, wurde die Schuld am Niedergang des Unternehmens der Donau zugeschoben. Zu wenig Gold, der Fluß boykottiere den Sozialismus, hieß es, und so wurde der industrielle Goldabbau in Ásványráró Ende der fünfziger Jahre eingestellt. Zwar konnten einzelne Privatiers mit den entwendeten Gerätschaften noch für einige Zeit auf Goldsuche gehen, aber da einer den anderen belauerte und es auffiel, wenn der Nachbar mit einem vollgepackten Anhänger nicht etwa in den Sommerurlaub zum Balaton, sondern in die Au fuhr, blieb die Ausbeute so gering, daß das Goldwaschen zur Liebhaberei verkam.

Die Donau transportiert heute noch genausoviel Gold wie früher. Auch wenn Kraftwerke das Geschiebe aufhalten, die Goldkörnchen finden ihren Weg durch die Turbinen. Und wie früher lagert das Donaugold sich in Schwemminseln ab. Das Gold ist noch da, es wartet nur darauf, ausgewaschen zu werden. Die Arbeiter von Ásványráró wissen darum. Aber sie wissen auch, daß die Zeit für das Gold noch nicht reif ist.

Als Groll diese Geschichte vernommen hatte, führte der Weg ihn ins nächste Kaufhaus. In der Kinderabteilung erstand er Schaufel, Sieb und Kübel.

Giurgiu, Rumänien 1983

Die *Oltenita* war ein wenig elegantes, schwerfälliges Schiff. Dennoch hatte Groll das Schiff für seine Reise ans Schwarze Meer ausgewählt, denn die *Oltentita* war eines der letzten Schiffe mit einer breiten Umlaufpromenade. Man konnte auf ihr nach Lust und Laune flanieren und sich je nach Sonnenstand und Aussicht ein ruhiges Plätzchen suchen. Von Orsova kommend, hatte die *Oltenita* frühmorgens an der Schiffahrtstation Giurgiu, dem Heimathafen, festgemacht. Das weiß gestrichene Haus der Schiffahrtsagentie mit der zum Fluß hin ausladenden Veranda bildete einen scharfen Kontrast zu der unmittelbar dahinter liegenden Raffinerie, von der weißlicher Wasserdampf aufstieg. Groll schätzte die Chancen, daß Franz Grillparzer, der im August 1843 hier durchgekommen war, das Haus bereits in dieser Form erlebt hatte, als hoch ein, obwohl sich in Grillparzers Reisetagebuch keine Erwähnung von Giurgiu findet. Das Agentiegebäude erinnerte Groll an mediterrane Bauten, kein Wunder, waren es doch genuesische Kauffahrer gewesen, die San Giorgio, das spätere Giurgiu, im 16. Jahrhundert gegründet hatten. Auf der anderen Seite des langsam treibenden Stroms lag auf einer Geländestufe Ruse oder Rustschuk, wie die Stadt noch bis zum Anfang des 20. Jahrhunderts hieß, als Elias Canetti dort seine ersten Schuhe zerriß. Ruse, dessen erinnerte sich Groll sehr wohl, wurde in Grillparzers Tagebuch als verkommene und verlotterte Stadt beschrieben, in der Ratten in den rostigen Kanonenrohren der Festung über dem Strom hausten.

Busse brachten die halbe Schiffsmannschaft nach Bukarest und die umliegenden Städte. In Giurgiu erlaubte es sich sogar der Kapitän, sein Schiff für eine Nacht zu verlassen, um seine Familie zu besuchen. An Bord blieb nur eine Notbesatzung, bestehend aus dem Ersten Offizier, dem Schiffsarzt und drei Matrosen.

Nach der Rückkehr von der Exkursion nach Bukarest nahmen die Schiffsgäste das Abendessen in zwei Sitzungen im Restaurant ein. Der stickigen Luft in den Kabinen und der Bar wegen flüchteten die meisten auf das Freideck, suchten aber bald danach ihre Kabinen auf. Auch Groll war zu Bett gegangen, er las in Grillparzers Reisetagebuch, als er einen stechenden Chlorgeruch wahrnahm, der in kurzer Zeit so unausstehlich wurde, daß Groll auf das Freideck flüchtete. Aber auch dort war der Chlorgestank allgegenwärtig. Immer mehr aus dem Schlaf geschreckte Fahrgäste fanden sich auf dem Deck ein. Der Schiffsarzt betreute eine ältere Amerikanerin, die nahe daran war, ohnmächtig zu werden. Andere Fahrgäste lagen auf Sitzbänken und rangen nach Luft. Und dann sah Groll die Wolke – sie kam von der Raffinerie und legte sich wie ein Watteflausch auf Fluß und Schiff. Kein Windhauch war zu spüren, nur der ätzende Gestank wurde immer stärker. Schon waren allgemeines Husten und

erste Weinkrämpfe zu verzeichnen, eine allgemeine Erregung hatte sich der Passagiere bemächtigt. Im Verein mit einigen beherzten Fahrgästen bestürmte Groll den Schiffsarzt und den Ersten Offizier, das Schiff in Betrieb zu nehmen und aus der Wolke hinauszufahren. Der Schiffsarzt beteuerte, die Wolke sei harmlos, sie würde routinemäßig in der Nacht abgelassen und ziehe meist nach Ruse auf die andere Seite hinüber. Er verstehe nicht, warum sie sich heute nicht von der Stelle bewege. Da die Atemnot größer wurde – ein alter Mann erlitt einen Kreislaufkollaps –, wurde der Erste Offizier gezwungen, mit Hilfe der Matrosen das Schiff los zu machen und einige Kilometer stromaufwärts zu fahren, wo die Luft klar wurde und die Erkrankten sich rasch erholten. Der Erste Offizier ließ das Schiff daraufhin zwei Stunden in der Mitte des Stroms kreuzen. Noch heute werde man ihn erschießen, sagte er mit tonloser Stimme. Im Morgengrauen legte die *Oltenita* wieder in Giurgiu an. Das Agentiegebäude war hell erleuchtet. An der Reede standen Schützenpanzer und eine Hundertschaft schwerbewaffneter Soldaten. Der Erste Offizier, der Schiffsarzt und die Matrosen wurden in Handschellen abgeführt und mit einem Militär-LKW weggebracht.
Am späten Vormittag setzte die *Oltenita* mit einer neuen Crew die Reise fort. Auf die Frage nach dem Schicksal der Verhafteten wußte die rumänische Reiseleiterin keine Antwort.

Piestany, Slowakei

„In der Monarchie kurte hier die feine Gesellschaft“, sagte Groll zu Joseph. „Und jetzt fahren wir zwei Nebochanten am Ufer der grünen Váh spazieren und genießen den Blick auf die spätgotische Kuranstalt und die Altstadt am anderen Ufer des Flusses, in deren Gäßchen das Gunstgewerbe blüht. Vor hundert Jahren lustwandelten hier k. u. k. Offiziere mit ihren Geliebten, Assekuranzdisponenten mit ihrem Podagra und Realschulpädagogen mit ihrem Goethe-Bändchen in der Hand. Heute schleppen die Siechen der unteren Volksklassen sich in die Kurmittelhalle. Soziologisch gesehen befinden wir beide uns in der Mitte, ich mit meinem egalitären Geist und du mit deiner elitären amerikanischen Radaufhängung. Ein modernes Paar, das von den Launen der Natur nicht nebeneinander gehend, sondern aufeinander sitzend konzipiert wurde.“

Er holte aus dem Netz des Rollstuhls eine grüne Flasche hervor und nahm einen großen Schluck, dem er sogleich einen zweiten folgen ließ. Die Luft war frisch, und ein böiger Wind, der über den Fluß strich, ließ es den wenigen Fußgängern ratsam erscheinen, ihre Krägen hochzustellen. In einem Prospekt hatte Groll gelesen, daß die Heiltinktur „Becherovka“ sich besonders für die Erwärmung der inneren Organe eigne. Er fand diesen Hinweis passend und würdigte die Autoren des Prospekts mit einem weiteren Schluck. Im Überschwang spendierte er Joseph noch ein paar Tropfen Nähmaschinenöl für das linke Radlager, welches seit einiger Zeit häßliche Geräusche von sich gab – ein erstes Anzeichen von Rollstuhlgicht, wie Groll befürchtete.

Sie nahmen die Brücke über die Váh, die das Kurviertel mit der Altstadt verband, und rollten durch die ärmliche Galerie von Schnapsbuden, Konfektläden und Zeitungskiosken, deren Wände mit Sexzeitschriften vollgepflastert waren. Groll fand Gefallen an der Brücke, und als er am anderen Ende eine Bronzestatue erblickte, die einen Mann zeigte, der triumphierend eine Krücke schwang, blieb er stehen und nahm einen weiteren Schluck von der Heiltinktur.

„Siehst du", sagte er zu Joseph. „Diese Brücke ist die kleinbürgerliche Variante des Ponte Vecchio in Florenz. Während jener ungastlich einen Goldschmiedladen an den anderen reiht, wartet die Brücke von Piestany zumindest mit den Dingen des täglichen Lebens auf. Der Ponte Vecchio zeugt vom Reichtum der florentinischen Handelsbourgeoisie, die Brücke von Piestany vom Erbe des Sozialismus, der die Kuranstalten für jene Volksklassen öffnete, die am Ponte Vecchio den Pferdekot beseitigen mußten. Die Bauherrenkunst der Medicis und der Aufbruch des Invaliden, das sind die Pfeiler, auf denen die europäische Geschichte ruht. In Piestany lernt man die florentinische Renaissance verstehen. Während der Invalide, wie wir wissen, auch im Zusammenstürzen noch einen Rest von Größe behalten wird, die anrührt und zum Nachdenken einlädt, ist die Altstadt von Florenz ein steriles Freilichtmuseum, in dessen Mauern man Rollstuhltoiletten vergeblich sucht, während es hier derer drei gibt, von denen eine meistens auch benützbar ist, wenn man sie eine Stunde lang reinigt. Die Medicis behaupteten die Welt für ihresgleichen, die slowakischen Kommunisten das Leben für alle – auch wenn es ein eingeschränktes Leben war. Für jene, die schlecht bei Fuß sind, ist auch das eingeschränkte Leben ein Fortschritt. Außerdem ist der Arno die meiste Zeit ein trauriges Rinnsal, während die Váh stolz und breit einherfließt und ihre Eignung für die Binnenschiffahrt unter Beweis stellt. Komm, Joseph, laß uns ein wenig Ablenkung von der Geschichte suchen."

Sie fuhren die Rampe in die Altstadt hinunter. An der Plastik nickte Groll dem Mann mit der Krücke freundlich zu.

Bei Radom, Polen 1981.

Ihm blieb nur mehr die Kapitulation. Groll drosselte die Geschwindigkeit seines Wagens und ließ den LKW, der weiter Kohlen verlor, davonziehen. Mehrmals hatte er versucht, vorzufahren, aber jedesmal, wenn er zu einem Überholmanöver angesetzt hatte, war der Laster in die Straßenmitte geschwenkt, worauf ein Hagel von eigroßen Kohlen auf Grolls Wagen niederging. Bald hatte er den LKW aus den Augen verloren, und er konzentrierte sich darauf, den Kohlen auf der Straße auszuweichen, was ihm bei der geringen Geschwindigkeit, die er eingeschlagen hatte, nicht schwer fiel. Als er ein Verkehrszeichen passierte, das einen Bahnübergang ankündigte, reduzierte er die Geschwindigkeit nochmals. Der Zustand des Bahnübergangs rechtfertigte die Vorsichtsmaßnahme: in der Höhe einer Fingerspanne ragten die Schienen aus dem zerbröckelten Asphalt; sollte hier ein Wagen zu schnell sein, würde er wie von einer Sprungschanze in die Luft katapultiert werden.

Es überraschte Groll nicht, daß die Straße nach dem Bahnübergang mit Kohlen übersät war. Da er gut in der Zeit lag – er hatte vor, die Nacht durchzufahren, so daß er mit dem Frühverkehr in Wien anlangen würde –, parkte er seinen Wagen in einem nahen Feldweg, holte den Rollstuhl hervor und machte sich daran, die Straße mit einem Federballracket zu säubern.

Er war fast mit der Arbeit fertig, als ein singendes Motorgeräusch sich dem Bahnübergang näherte. Groll warf den Schläger zur Seite und hastete in den Feldweg, und als er sich umdrehte, weil das Motorgeräusch plötzlich abgerissen war, sah er einen weißen Citroen 2 CV über dem Bahnübergang aufsteigen. Im Flug neigte der Wagen sich leicht nach vorn, der Aufprall erfolgte auf den Vorderrädern, und er war so heftig, daß die Radkappen und der Kofferraumdeckel weggesprengt wurden. Der Wagen schlingerte auf die andere Straßenseite, überschlug sich einmal in einem abgeernteten Feld, kam aber wieder auf den Rädern zu stehen.

Groll sprintete zur Unfallstelle. Vier junge Männer krochen aus dem Wrack, keiner von ihnen schien verletzt zu sein, obschon Groll den Eindruck hatte, als würden die Männer sich in Zeitlupe bewegen. Keiner sprach ein Wort, als Groll bei ihnen angelangt war und Hilfe anbot. Einer der vier, Groll hielt ihn für den Fahrer, holte zwei Flaschen Heineken-Bier aus dem Wagen und warf eine davon Groll zu.

Wenig später saß er mit den Holländern Bier trinkend am Straßenrand. Alle vier studierten Theologie an der katholischen Universität Leiden. Sie waren nach Polen gekommen, um die Papstmesse am nächsten Morgen in Warschau zu besuchen. Aus eben diesem Grund sei er aus der Stadt geflüchtet, entgegnete Groll, und klärte die vier in der Folge über die Eigenheiten der östlichen Straßen auf: In Westungarn, der CSSR und der nördlichen DDR genüge es, außergewöhnlich langsam über die Schienen zu fahren. In Polen, Nordungarn und Sachsen aber sei es unerläßlich, vor jedem Bahnübergang auszusteigen und den Belag zu prüfen, erst dann könne man – im Schrittempo! – die Schienen queren.

Die vier schauten ernst und versprachen, den Rat in Zukunft zu beherzigen. Tonlos fragte der, den Groll für den Fahrer hielt, ob Groll sie nach Warschau bringen könne. Sie seien die weite Strecke gefahren, um den Papst zu sehen; so knapp vor dem Ziel wäre es eine Schande aufzugeben. Er würde gern helfen, sagte Groll, aber da er den polnischen Papst verabscheue, würde er es seinerseits als Schande ansehen, zurückzufahren. Ob sie das verstehen könnten? Die Holländer sahen Groll traurig an und nickten. Einige Zeit saßen sie am Straßenrand und schwiegen. Dann stand der, den Groll für den Fahrer hielt, auf und holte wieder Bier aus dem Wagen.

Bad Doberan, DDR

„Eine Kastanienallee. Dichte Baumkronen. Flirrendes Augustlicht. Hinter den Bäumen ebenerdige Häuschen ohne Verputz. Da und dort ein Trabant oder ein Wartburg. Eine HO-Gaststätte, im Sommer öffnet sie erst am Abend. Spezialitäten: Broiler und Rostbratwürste. Eine Kaufhalle, Mittwoch nachmittags geschlossen. Eine vergilbte Fotografie mit den Porträts der Mitarbeiter, verdiente Mitarbeiter, versteht sich. Eine Kinderkrippe der LPG, eine Volksschule, eine Milchsammelstelle. An den Dächern keine Antennen, hier gibt es kein Westfernsehen. Am Ende der Dorfstraße ein zweistöckiges Herrenhaus. Der ehemalige Besitzer, ein Krautjunker, SA, Partei und Reichskulturbund, ging nach Hamburg. Der Gutsverwalter nach Hannover. Der Landmaschineningenieur nach München. Der Lehrer ins Sauerland. Nur der Pfarrer blieb. Er starb Anfang sechzig, nach der Kollektivierung, an Leberzirrhose. Im Herrenhaus ist jetzt ein Versehrtenheim untergebracht. In einem Nebentrakt logiert Fräulein M., eine rüstige Rentnerin, sie ist jenseits der achtzig. Die suchst du auf, ihr gilt dein Besuch. Beeile dich, das Fräulein ist schon alt, und die Hitze setzt ihr zu. Wenn du vorher eine Karte schreibst, dich auf mich berufst, wird sie dich empfangen, und sie wird dir eine Kartoffelsuppe servieren, da mußt du durch, es sind Kartoffeln von der LPG. Wenn sie Zutrauen gefaßt hat, weil du die Suppe bis zum Grund ausgelöffelt hast, bis zum Grund, hörst du!, und dich ordentlich benommen hast, höflich und mitteilsam bist, ohne ans Geschwätzige zu streifen, denn das mag die Genossin Oberlehrerin gar nicht: wenn jemand erzählt und dabei nicht die Sache, sondern sich selbst in den Vordergrund rückt, wenn du also dann nach der Suppe mit ihr auf der Veranda sitzt, im Korbstuhl, und im Muckefuck den Zucker aufrührst, dann wird sie erzählen. Die Geschichte einer slowakischen Adligen, die in den zwanziger Jahren einen sowjetischen Emigranten heiratete, der sie zwei Jahre später mit einem behinderten Kind sitzenließ, worauf sie, die Katholische, im Zorn der Kommunistischen Partei beitrat. Sie ist heute noch Mitglied, und ihre Zornesausbrüche wider die Männer und den Imperialismus sind auf den Parteiabenden der ganzen Ostseeküste gefürchtet. Sie wird von ihrer Zeit in Berlin erzählen, von Brecht, Tucholsky und Döblin, die sie gut kannte, sie wird auch von den Braunen erzählen und wie sie schon früh versuchte, die Genossen zu warnen, die ihr bürgerlichen Alarmismus vorwarfen. Dann wird sie aufstehen, den Finger auf den Mund legen, und sie wird in der Küche verschwinden. Du aber bleibst sitzen, bewunderst den Garten, die Felder, die Allee. Es gibt viel, was du von der Veranda aus bewundern kannst. Und dann wird sie zurückkommen, mit einer weißen Salatschüssel voll roter Erdbeeren, frisch gepflückt, aus ihrem kleinen Oberlehrergärtlein. Sie

wird dich fragen, ob du Schlagsahne willst, aber es wird eine rhetorische Frage sein, denn natürlich willst du Schlagsahne, und du willst auch Staubzucker, und dann wird sie dasitzen, und während du deine Erdbeeren verzehrst, wird sie weitererzählen, von Plötzensee, Ravensbrück und Bergen-Belsen. Keine Angst, sie wird keine Details erzählen, nur die Eckdaten, sie ist sehr rücksichtsvoll, was das angeht. Wenn sie dann in ihre Zeit an der Arbeiter- und Bauernfakultät eintaucht, ihre große Zeit, und den Schlehenlikör hervorholt, dann darfst auch du erzählen. Berichte ihr von den Klassenkämpfen in Österreich, und wenn es da nichts zu berichten gibt, erzähle ihr, welche Mehlspeisen man jetzt in den Kaffeehäusern aufträgt.
Wenn du meine Ratschläge beherzigst, wirst du bei Fräulein M. einen Stein im Brett haben, und bei mir auch, denn ich liebe diese Frau, die täglich ihren Sohn im Versehrtenheim besucht und mit ihm die Kastanienallee entlang promeniert.“
So sprach Grolls Freund, der leitende Ingenieur im Dieselmotorenwerk Rostock, am 24. Juli 1977, am selben Tag, an dem der Staatspräsident des Senegal Leopold Sédar Senghor die Salzburger Festspiele mit dem Vortrag „Österreich als Ausdruck der Weltkultur“ eröffnete und die VOEST Linz den modernsten Hochofen der Welt in Betrieb nahm.

Lieblingshof, nahe Rostock

Der Wagen rumpelte über die alte Staatsstraße. Das Flickwerk aus Pflastersteinen und Asphaltresten ließ nur ein besseres Schrittempo zu. Groll war darüber nicht ungehalten, er freute sich an den reifen Kirschen an den Alleebäumen und sog die würzige Luft, die vom nahen Meer kündete, in vollen Zügen ein. Er hatte noch ein paar Kilometer auf der alten Straße vor sich, dann würde er die Autobahn nehmen, die von schwedischen Firmen errichtete neue Autobahn, deren dunkles Band sich von Berlin nordwärts durch die Hügellandschaft Mecklenburgs zieht. An der ersten Raststation würde er anhalten und die Karosserieschrauben seines Wagens nachziehen, gewissenhaft und sorgsam, wie er es in Dresden gelernt hatte, als in einem Kreisverkehr vor dem Zwinger die linke Hintertür von Grolls Wagen auf die Straße gepoltert war und Groll mit der Unterstützung hilfsbereiter Passanten die Schrauben und Muttern auf der Straße eingesammelt hatte.

Er solle sich ein anständiges Automobil anschaffen, hatte ein älterer Helfer in breitem Sächsisch geraten, er empfehle einen Trabant, der sei robuster als die Westautos, die mit Chrom und Zierrat prangten, aber Alltagstauglichkeit vermissen ließen. Beim Trabant würde der Haltbarkeitsfaktor mit dem Faktor Formschönheit eine gelungene Verbindung eingehen, die noch um den

Sparsamkeitsfaktor – ein Trabant brauche so wenig Betriebsstoff wie eine Nähmaschine – ergänzt werden müsse. Die Indienststellung eines Trabant sei die geeignetste Strategie zur umfassenden Auslastung der gesellschaftlichen Grundfonds, schloß der Mann, der sich als „Klotzsche, Gilbert Klotzsche, Dozent für Agrarökonomie an der landwirtschaftlichen Hochschule Marktredwitz" vorstellte.
Groll war mit dem Mann in der Folge auf eine Apfelschorle in eine HO-Gaststätte in der Nähe des Zwingers gegangen, und Dozent Klotzsche hatte die Gelegenheit benützt, dem jungen Spund aus dem Westen eine Privatvorlesung über den Verlauf der dritten Etappe der landwirtschaftlichen Kollektivierung im Tal der Zschopau zu geben. Mit Wohlwollen hatte Dozent Klotzsche vermerkt, wie Groll sein Schreibheft hervorgeholt und Eintragungen vorgenommen hatte. Der Wissenschaftler verlangsamte seine Rede, so daß Groll mitschreiben konnte, er verdoppelte aber gleichzeitig seine Lautstärke, wodurch die übrigen Gäste ebenfalls in den Genuß der Vorlesung kamen. Die hochgezogenen Augenbrauen und das leise Tuscheln der Mithörer wußte Groll anfangs nicht zu deuten, aber als Klotzsche sich an der Frage der Maschinenringe in Rage geredet hatte, glaubte Groll in dem Benehmen der Gäste ein landläufiges Verhalten in einem Staat der fortschreitenden Verwissenschaftlichung des sozialistischen Alltags zu erkennen. Die Frage der Maschinenringe sei der entscheidende Punkt

beim Umschlag der unvollkommenen zur vollkommenen Kollektivierung gewesen, hatte Klotzsche ausgeführt; in Polen sei man just an diesem Punkt gescheitert, weil die Kirche in Maschinenringen eine Vorstufe des Kommunismus sah, was allerdings ein wahres Moment enthalten habe, wie Klotzsche einräumte.
An solch bedeutende Fragen der sozialistischen Agrarökonomie dachte Groll, als er auf der Staatsstraße Nr. 87 an einem strahlenden Spätsommertag des Jahres 1977 von der LPG Lieblingshof kommend, seinem Bestimmungsort Rostock zustrebte.

Wo Gott wohnt

Wladimir Gott war Professor an der Parteihochschule der KPdSU mit dem Spezialgebiet „Revolutionstheorie und Antiimperialistischer Befreiungskampf“. Im Mai 1983 besuchte Professor Gott auf Einladung des Instituts für Politikwissenschaft die Wiener Universität. Groll lernte den Mann durch einen Zufall beim Heurigen kennen. Er dürfe Wien nicht verlassen, ohne von ihm an die Donau geführt worden zu sein, schärfte Groll dem Professor beim unumstößlich letzten Panikachterl ein.
Wenige Tage später kam Professor Gott auf Grolls Angebot zurück, und so fuhren die beiden in Grolls klapprigem Kleinwagen durchs Marchfeld an die Donau und auf den Braunsberg bei Hainburg, wo Groll seinem Gast die Einmündung der March in die Donau und die Radaranlage der NATO auf einem Höhenrücken nahe Wolfsthal zeigte. Professor Gott war von der Aussicht ebenso sehr angetan wie von der Einsicht in historische Zusammenhänge, auf die Groll später in der Hainburger Blutgasse zu sprechen kam. Wirklich begeistert erwies der Professor sich aber vom Strom und dem zu jener Zeit noch regen Schiffsverkehr. Sie nahmen den Uferbegleitweg Richtung Ruine Röthelstein, und als ein sowjetisches Schubschiff, die *Hanoi*, an ihnen vorbei bergwärts stampfte, hockte Professor Gott sich auf die Fersen und erzählte eine Geschichte aus seiner Kindheit.

Sein Vater sei mit Leib und Seele Rotarmist gewesen, begann der Professor, ein Bolschewik wie aus dem Lehrbuch. Seine große Liebe habe – neben der Revolution – dem Film gegolten, und es sei ihm gelungen, als Heizer und MG-Schütze für einen Revolutionszug abgestellt zu werden. So sei das Kino in die Kalmückensteppe gekommen, fuhr der Professor fort, als Teil des Revolutionszuges „Roter Oktober", vorne und hinten mit Maschinengewehren bestückt, und dazwischen mit Propagandawaggons samt Filmvorführmaschine und transportabler Leinwand. Leider sei sein Vater eines Tages am Don von einem Kosaken erschossen worden, der mit dem Ausgang eines Filmes nicht einverstanden gewesen war. Er könne sich an seinen Vater nur undeutlich erinnern, er sei noch zu klein gewesen, sehr wohl könne er sich aber an seinen Onkel erinnern, der ihn zu sich in die Ukraine genommen hatte, nachdem die Mutter während des Großen Vaterländischen Krieges an einer Infektion verstorben war. Das Dorf seines Onkels lag am Mittellauf des Dnepr. Jeden Morgen in den Ferien seien die Buben die Lößschluchten hinuntergestürmt, bis zum Abend hätten sie sich am Fluß herumgetrieben. Mittags hätten sie Fische gegrillt, die sie von einem älteren weißhaarigen Herrn bekamen, der seine Tage ebenso wie die Buben am Fluß verbrachte – als unermüdlicher Fischer. Stundenlang sei der Alte, ohne sich zu regen, am Fluß gesessen und nie habe er den Heimweg vor Einbruch der Dämmerung angetreten. Der Alte war stets freundlich zu uns, sagte der Professor, aber er bestand auf seiner Ruhe. Wenn wir zu nahe kamen, verscheuchte er uns mit einer ungeduldigen Handbewegung. Wenn Schiffe vorbeifuhren, was damals am Dnepr selten geschah, verschränkte der Alte die Arme vor dem Körper und ließ das Kinn auf die Brust sinken. Wir glaubten, er schläft. Als ich Jahre später einen Sommer lang auf einem Frachtschiff am Dnepr arbeitete, sah ich den alten Mann wieder am Ufer sitzen und wieder schien er zu schlafen.

Ein glücklicher Mensch, sagte Groll.

Ja, das war er wohl, der alte Michail Scholochow in den fünfziger Jahren, erwiderte Professor Gott. Als er 1965 den Nobelpreis für Literatur bekam, fragten wir uns, wann er seine großen Werke geschrieben haben mag, für das Fischen wird er den Preis wohl nicht erhalten haben. Obwohl er ein guter Fischer war, geduldig und routiniert, sagte Professor Gott und stand mühsam auf, um die Passage der *Moldavija* zu verfolgen, die ihren schlanken weißen Leib gerade an der Marchmündung vorbeischob. Als der Professor sich eine Stunde später in Wien von seinem Führer mit einer brüderlichen Umarmung verabschiedete, überreichte er Groll eine abgegriffene Visitenkarte, auf der die Privatadresse des Professors vermerkt war: Moskau, Lenin Prospekt, Block 288.

„Seither weiß ich, wo Gott wohnt“, pflegt Groll seitdem zu sagen.

Sachsen, an der Zschopau

Sie hießen Jürgen und Michael, stammten aus Mittweida, einem Textilarbeiterstädtchen in Sachsen, und sie waren die besten Freunde der Welt. Michael hatte Elektrotechnik studiert und arbeitete im Textilwerk als technischer Leiter. Jürgen hatte ein Chemiestudium fast abgeschlossen gehabt, als er seine Liebe zur Schauspielerei entdeckte und auf die Staatliche Schauspielschule nach "Berlin-Hauptstadt" wechselte. Die Engagements der frühen Jahre brachten ihn nach Frankfurt an der Oder und Potsdam, dann holte Manfred Wekwerth ihn ans Berliner Ensemble.
Beide stammten aus Arbeiterfamilien. Michaels Vater, ein Maschinenschlosser, arbeitete wie Michaels Mutter im Textilwerk. Jürgens Vater war dort Brigadier, und dessen Frau, Parteimitglied seit den frühen fünfziger Jahren, organisierte beim Rat der Stadt das Büro des Bausachverständigen.
Jahr für Jahr verbrachten die beiden Freunde ihre Ferien in Mittweida, an einem kleinen Staudamm, in einer hölzernen Datsche. Mehrere Sommer hindurch war Groll dort ihr Gast. Er kannte Jürgen seit einem Gastspiel der DDR-Schauspielschule Mitte der siebziger Jahre in Wien. Groll und die beiden fuhren jeden Tag mit Michaels vorsintflutlichem Saporoshez in die Berge zum Oberlauf der Zschopau, dort gab es die besten Forellen. Einmal geschah es, daß der

Saporoshez über einem Schlagloch das Getriebe verlor. Aber in einer halben Stunde war es wieder angeflanscht, und weiter ging die Fahrt durch ein Dorf, in dem – wie Michael erklärte – Clara Zetkin in jungen Jahren Schulleiterin war, bis zu einem klammartigen Einschnitt des Flusses.
Den Arm leicht vorgestreckt, die Angel ständig in Bewegung und die Fliege über der Wasseroberfläche kreiselnd, gingen die beiden im Wasser flußaufwärts. Solange es möglich war, folgte Groll ihnen am Ufer. Als das Gelände für ihn unpassierbar wurde, setzte er sich unter einen Haselnußstrauch und wartete die Rückkehr der beiden ab. Michaels Fische waren größer als jene Jürgens, er war überaus geduldig und kannte die Steine, hinter denen die alten Forellen standen und auf Beute lauerten, besser. Während die beiden die Fische putzten, erzählten sie die neuesten DDR-Witze. Da sie, obschon nicht Mitglieder der Partei, wußten, was sie an ihrem Staat hatten, wetteiferten sie darin, wer die schamlosesten Zoten auf Lager hatte. Wenn sie dann nach Hause fuhren, um die Fische zu braten, hielt Groll sich auf dem Rücksitz des Saporoshez den Bauch vor Lachen. Später, nachdem die ausgezeichneten Forellen mit Wernesgrüner Bier und Nordhäuser Doppelkorn hinuntergespült waren, erzählte Michael von den Problemen im Kombinat, Jürgen berichtete von den Rollen, die er im vergangenen Jahr gespielt hatte, und Groll erzählte, was es in Österreich Neues gab. Damals ging gerade die Epoche der Verstaat-

lichten Industrie zu Ende, Jürgen und Michael wollten nicht verstehen, wieso ein Konzern, der in der DDR ein modernes Stahlwerk zur Zufriedenheit der Auftraggeber errichtet hatte, in Schwierigkeiten geraten konnte.

Mitte August kamen die Familien der beiden nach. Groll verbrachte noch einige Tage mit den Kindern, bevor er nach Wien zurückkehrte.

Ende der achtziger Jahre wurden die Briefe aus der DDR seltener, und nach der Wende riß der Kontakt vollends ab. Bis eines Tags im Juni 1998 Jürgens Frau Elli bei Groll anrief. Sie habe lange gebraucht, die Kraft für diesen Schritt aufzubringen, sagte sie. Immer habe sie daran denken müssen, wie glücklich sie alle damals in den Sommern gewesen waren. Michael hatte sich in der Sylvesternacht 1993 an der Zschopau erschossen. Er war ein Jahr lang arbeitslos gewesen und litt an Depressionen. Jürgen, ihr Mann, hatte sich nach seinem Abschied vom Berliner Ensemble als freischaffender Bühnen- und Filmschauspieler durchgebracht. Er starb drei Jahre nach Michael, knapp vierzigjährig, an Herzversagen.

Hédervár. Das Geheimnis der Franzosensäule

Nimmt man die Bundesstraße von Mosonmagyaróvár nach Györ, gelangt man nach einer beschaulichen Fahrt durch Weizen- und Maisfelder in den Weiler Hédervár, der inmitten eines parkähnlichen Auwalds ein schmuckes Barockschlößchen aufweist, das auf den Ruinen einer Wasserburg errichtet wurde. Es ist dies der Stammsitz der ostelbischen Heder, eines Rittergeschlechts, das im 11. Jahrhundert von König Stefan ins Land geholt wurde. Am Dorfausgang befindet sich, von der Straße etwas zurückgesetzt, unter hohen Pappeln eine verwitterte Gedenksäule. Die Inschrift ist von der Straße aus nicht zu lesen, doch näher zu kommen, empfiehlt sich in der warmen Jahreszeit nicht, denn die Säule wird von Myriaden von Stechmücken bewacht. Man muß schon bei Mutter Anikó in Hédervár Fischsuppe essen, um das Geheimnis der Säule zu erfahren.

Es geschah im Napoleonischen Krieg. Die französische Armee war auf dem Weg nach Rußland. Von Süddeutschland kommend, zog sie das Donautal entlang nach Osten. Bei Loiben in der Wachau und in Aspern schlugen die Franzosen Schlachten gegen die Truppen des russischen Generals Kutusow, der sich mit einheimischen Kräften verbündete. Auch bei Györ fand eine dieser Schlachten statt, sie konnte die Wucht des französischen Vormarsches aber nur für wenige Tage aufhalten. Wie immer wurden am Vorabend einer Schlacht Spähtrupps ausgesandt, um die gegnerischen Stellungen auszukundschaften. Einer dieser Trupps wurde von einem blutjungen Offizier angeführt, der als einziger in seinem Regiment bereits verheiratet war und mit seiner Frau auch schon drei Kinder hatte. Der Offizier stammt aus der Gascogne, und er war, wie viele Männer dieses Landstrichs, von gleichermaßen aufbrausender wie schwermütiger Natur. Ein rhapsodischer Mensch, sagt Mutter Anikó, er hätte sich einen besseren Tod verdient.

Auf ihrem Streifzug gerieten die Franzosen in einen heimtückischen Hinterhalt: Gelsen. Die surrenden Krieger überfielen den Trupp mit solcher Vehemenz, daß augenblicklich Panik unter den Reitern ausbrach. Anfangs versuchten sie durch wildes Herumrudern mit den Armen die Mücken zu verscheuchen. Das führte aber dazu, daß die Quälgeister sich zu Tausenden auf Gesichter und Hände der Franzosen stürzten. Als dann die Pferde, deren Nüstern und Augen von Mücken verklebt waren, vor Schreck in die Knie brachen, begriffen die Franzosen, daß sich der vermeintlich lästige Zwischenfall zu einem Kampf auf Leben und Tod entwickelte. Der gascognische Offizier war trotz seiner Jugend ein umsichtiger und erfahrener Kämpfer, aber auf einen derart wütenden und widerwärtigen Feind war er noch nie gestoßen. Mit einem Satz sprang er vom Pferd und zog den Säbel blank. Mit fürchterlichen Hieben drang er auf den gestaltlosen Widersacher ein, blind vor Schweiß und Insektenkadavern kämpfte er sich Schritt um Schritt vorwärts, nicht bemerkend, daß er im Kreis ging und sich die Wolke der Feinde hinter jedem Hieb neu formierte. Das gefährliche Surren der Tiere war zu einem brüllenden Orkan angewachsen, den der Franzose mit entsetzlichen Verwünschungen zu übertönen trachtete, doch kaum hatte er den Mund geöffnet, stießen die Mücken zu Hunderten in seinen Hals, und mit jedem seiner Schreie spuckte er Klumpen toter Insekten aus.

Das Gefecht von Hédervár endete mit der vollständigen Vernichtung des Spähtrupps. Wer nicht von den Säbelhieben der Kameraden niedergestreckt wurde, fiel zu Boden und starb unter fortgesetzten Angriffen der Gelsenschwärme einen qualvollen Erstickungstod.

Jahre später reiste die Witwe des Gefallenen nach Ungarn und ließ an der Stelle des Unglücks einen Gedenkstein errichten. Während der Bauarbeiten kamen zwei Maurer ums Leben. Der Ort ist verflucht, warnt Mutter Anikó, die Gelsen bewachen ihn. Besser, du steigst an der Säule nicht aus. Ich weiß, du bist neugierig, aber du bist auch rhapsodisch, und noch bevor du wieder im Auto bist, haben sie dich aufgefressen.

Groll hielt sich an den Rat der Alten. Er versuchte die Inschrift des Gedenksteins aus dem verschlossenen Auto unter Zuhilfenahme eines Feldstechers zu entziffern. Aber kaum hatte er das Glas angesetzt, erhob sich eine dunkle Wolke und attackierte den Wagen. Die Scheiben waren schwarz vor Insekten, und nur der

Umstand, daß Groll den Motor nicht abgestellt hatte und den Wagen mit Vollgas aus der Wolke katapultierte, rettete ihn.

Lébény

Ein paar Kilometer nach Mosonmagyaróvár ragen zwei mächtige Steintürme aus dem kis alföld, der Kleinen Tiefebene. Wehrhafter sind Kirchen nie gebaut worden, dachte Groll, wenn er auf dem Weg ins Donauknie an den Türmen vorbeifuhr. Einmal kommt der Tag, da werde ich im Schatten der Türme rasten, nahm er sich bei jeder Fahrt vor.

Eines Tages im Hochsommer war es so weit. Groll bog von der Autobahn ab, nahm zuerst eine Bundes-, dann eine Komitatsstraße und schließlich eine holprige Landesstraße, die durch einen lichten Eichenwald führte. Er parkte hinter der Kirche, holte den Rollstuhl aus dem Wagen und ignorierte dabei die neugierigen Blicke einer alten Frau, die auf der anderen Straßenseite am Fenster lehnte. Wenig später saß Groll im Schatten der romanischen Türme und bewunderte die Rigorosität des Baus. Das dreischiffige Gebäude mit den Turmquadern und den halbzylindrischen Chören wirkte durch seine glatten Flächen aus ockerfarbenen Quadersteinen wie ein gestrandetes Kriegsschiff. Der Kontrast zum reich verzierten Hauptportal, dessen steinerne Ornamentik von heidnischen Fabelwesen erzählte, konnte größer nicht sein.

Als er den Kopf senkte, weil er Nackenschmerzen vom Hinaufschauen hatte, sah Groll die Alte, gestützt auf ein rostzerfressenes Rad, auf sich zukommen. In wenigen Augenblicken würde sich das verschossene Kopftuch vor ihm aufpflanzen, und die alte Leier würde wieder losgehen: Warum er im Rollstuhl sitze? Sie kenne auch einen Mann, der im Rollstuhl gesessen sei, aber der sei nach wenigen Jahren gestorben. An Trunksucht, der Arme. In welchem Heim Groll denn lebe? Ob er noch Eltern habe, und so fort. Aber dieses Mal, schwor Groll bei sich, werde ich die Fragen im Keim ersticken. Ich bin hierhergefahren, um die Stille zu genießen und die Kirche zu studieren. Ich bin nicht der Pausentrottel für neugierige Hexen. Soll sie nur das zahnlose Maul aufmachen, schon ist es um sie geschehen. Ich werde sie erwürgen, dann werde ich die Leiche auf den Seilzug neben dem Haupteingang hochziehen, und sie wird das architekturgeschichtlich wertvolle Portal noch berühmter machen, denn dann werde ich ins Wirtshaus unten an der Straße rollen und werde aufgeregt deuten, und man wird mitgehen und wird die Alte baumeln sehen. Die Polizei wird gerufen, die Feuerwehr wird die Leiche bergen, der Gemeindearzt wird sie beschauen und die lokale Fernsehstation wird alles filmen. Und ich werde bereitwillig Auskunft geben, gegen eine kleine Gage, versteht sich, über den Schock, den ich hatte, als ich der Alten ansichtig wurde, und wie der Schock noch größer geworden sei, als sie, die Erhängte, mich fragte, warum ich im Rollstuhl sitze, und daß mir das zu denken gegeben habe, denn das sei nicht in Ordnung, daß Tote sprechen, schon gar nicht, wenn sie über einem Kirchen-

portal hängen. Und dann würde ich die Stätte zu meinem Schicksalsort erklären und bleiben. Würde einen Devotionalienstand mit angeschlossener Ausschank aufmachen und würde vom einsetzenden Touristenboom profitieren, und wenn das Geschäft nachlassen sollte, würde ich weiterfahren, in den Schatten einer anderen berühmten Kirche, und auch dort würde sich eine neugierige Vettel finden, die man hochziehen könnte. Groll malte sich seine Zukunft in den schönsten Farben aus.
Die Alte war jetzt stehengeblieben. Sie lehnte das Rad an die Rückseite der Bank und setzte sich ans andere Ende. Sie sprach kein Wort. Nach einiger Zeit holte sie aus ihrer Schürze ein speckiges Holzbrett, ein Messer und ein Stück scharfer Klobasse. Vom Gepäckträger fischte sie eine Flasche Hauswein und ein paar grüne Spitzpaprika. Bald saßen die beiden, Groll und die Alte, einträchtig im Schatten der hohen Türme und taten sich an der Wurst und an dem fruchtigen Wein gütlich. Die ganze Zeit über sprach die Alte kein Wort. Groll wollte der Frau in höflichen Worten danken, aber er beherrschte sich. Was für ein schöner, angenehmer Nachmittag, dachte Groll nach zwei Gläsern, und nach zwei weiteren war er davon überzeugt, daß der Ort heilig sein müsse, und er trug sich ernsthaft mit dem Gedanken, in einen Orden einzutreten. Noch immer sprach die Alte kein Wort, und Groll war sehr beschämt. Da riß ein Geräusch ihn aus seinen Träumen. Die Alte hatte mit ihren kräftigen Zähnen so

herzhaft in einen Paprika gebissen, daß eine Taube, die auf dem Hauptschiff der Kirche Platz genommen hatte, erschreckt aufflatterte.

Kleine ungarische Spurensicherung

Als Groll die Fernverkehrsstraße Nummer 77 nach Budapest nahm, passierte er bei Parassapuszta die slowakisch-ungarische Grenze und fuhr dann auf einer gut ausgebauten Bundesstraße am östlichen Rand des Börszönygebirges der Donau entgegen. Nach dem Weiler Drégelpalánk, wo sich auf einem Hügel die Ruine einer Kuruzzenburg erhebt, führte die Straße in einer langgezogenen, abschüssigen Rechtskurve in den weitläufigen Markt Nagyoroszi.
Bemerkenswert an Nagyoroszi ist vor allem seine Entfernung zum Schwesterndorf Kisoroszi. Der Ort ist an Einwohnern und Ausdehnung nicht mit Nagyoroszi zu messen und liegt rund fünfzig Kilometer von der größeren Schwesternsiedlung entfernt am westlichen Ende der Szentendre-Insel, die unterhalb des Donauknies beginnt und bis zu den römischen Ausgrabungen in Budapest reicht. Im Gegensatz zum gesichtslosen Nagyoroszi ist Kisoroszi ein pittoreskes Dorf mit strohgedeckten Häusern, einem Zwiebelkirchturm, Storchennestern und verwinkelten Gassen, die zum Fluß hinunter führen.
Warum die beiden Namensvetter so weit voneinander getrennt sind, ist nicht belegt. Eine Theorie, die in der Zeit der Räterepublik 1919 aufkam, besagt, daß die revolutionären Landarbeiter des Börszönywaldes ihr Hochland verließen, um auf der fruchtbaren Donau-

insel eine Musterkolchose zu gründen. Einer anderen Theorie zufolge, die in den dreißiger Jahren unter dem Diktator Horthy entwickelt wurde, waren es katholische Donaufischer, die ihre Liebe zur nordungarischen Scholle entdeckten und aus missionarischem Eifer in das protestantisch verseuchte Hochland zogen. Während der Pfeilkreuzlerzeit und erst recht während der deutschen Besetzung wurde vom Rassehauptamt verlautbart, daß die minderwertigeren Elemente des Urstammes an die klimatisch angenehmere Donau verbracht wurden, während die Arbeiter der Faust sich von ihren deutschen Blutanteilen dazu anspornen ließen, die steinige Scholle des Gebirges zu behauen. In der Zeit des ungarischen Stalinismus in den frühen fünfziger Jahren wurde auf die Theorie aus der Räterepublik zurückgegriffen. In der Kadar-Ära setzte sich im Lauf der Zeit ein Methodenmix durch, der kommunistische und katholische Ansätze vereinte und mit der bizarren Idee eines in Frühzeiten erfolgten Vulkanausbruchs des Csóvanyos, des höchstens Berges des Börszönygebirges, ergänzte, dessen Lavastrom die beiden Siedlerteile getrennt habe. Nach dem Ende des sozialistischen Systems kam die heute noch geltende Theorie auf, derzufolge die landnehmenden Ungarn, als sie ins Karpatenbecken vordrangen, auf Waldbewohner gestoßen seien, welche die Magyaren in verlustreichen Gefechten so weit verstreuten, daß es schließlich zu zwei weit entfernten Dorfgründungen gekommen sei. Neuerdings erfreut sich aber eine von

Kunststudenten, ehemaligen Kommunisten und verweltlichten Nonnen dominierte Bürgerinitiative, die „Brüder und Schwestern des geeinten Magyarentums“, regen Zulaufs. Die Gruppe fordert eine Wiedervereinigung der beiden Dörfer und die Abtragung der dazwischen liegenden Landteile und deren Verklappung in den Strom.

Als er davon hörte, bot Groll sich der Gruppe als Pressesprecher an. Die Antwort fiel knapp aus. Es bestehe kein Bedarf an der Mitarbeit landfremder Abenteurer. Beim Abendessen in Kisoroszi erwog Groll eine Klage beim Europäischen Gerichtshof. Einige Barack später konnte er sich an nichts mehr erinnern.

Mohács, Ungarn

István griff nach der Schnapsflasche und füllte Grolls Glas. Sie prosteten einander zu und tranken. Die Uhr hinter der Schank zeigte elf. Für halb zwölf war die *Ukraina* angekündigt, sie hatten also noch Zeit. Wenn sie auf dem nahen Damm entlangliefen, der gleich hinter dem kleinen Büfé der Mohácser Spinnerei lag, würden sie in wenigen Minuten bei der Schiffsanlegestelle sein.

Istváns Hund kauerte vor dem Rollbrett, seine Schnauze stieß an Istváns verkrüppeltes Bein. Wenn István das Bein zurückzog, rückte der Hund nach.

Vor Jahren hatte der Hund Groll aus einer Misere befreit. Auf der Suche nach einem ruhigen Platz für die Schiffsbeobachtung war Groll mit seinem Rollstuhl im Schlamm steckengeblieben, seine verzweifelten Rettungsversuche führten nur dazu, daß Josephs Räder sich immer tiefer eingruben. Lady, so hieß Istváns Hund, hatte ihn aufgespürt, und es war auch Lady, die Groll an ihrem Ledergeschirr aus dem Dreck gezogen hatte. Groll freundete sich in der Folge mit dem jungen Roma an. Von Anfang an bewunderte er Istváns auf vier hohen Rädern ruhendes Rollbrett. Das seltsame Gefährt, das István wie ein Kutscher zungenschnalzend steuerte, war für die unwegsamen Pfade am Ortsrand, wo die Roma in improvisierten Häuschen wohnten, bestens geeignet. Erst recht eignete es sich

für die Au, der bärenstarke Hund zog seinen Herrn dort über Stock und Stein. Für Istváns Arbeit war das unverzichtbar, denn István war Fischer, der geschickteste in der Siedlung. Von seinem Fang, den er in der Háláscárda an der Fähre verkaufte, lebte in guten Zeiten die ganze Familie. In schlechten Zeiten mußten Istváns Schwestern aushelfen. Dann lotste István Matrosen von den Schiffsverbänden, die nach der Verzollung für die Weiterfahrt neu gruppiert werden mußten, über den Damm in sein Haus und ließ sie ein paar Stunden mit den Schwestern allein, zum obstaubn, sagte István, denn er sprach ein paar Worte donauschwäbisch. Zwar waren die dadurch erzielten Einnahmen gering – die ukrainischen, rumänischen und bulgarischen Matrosen sahen oft monatelang keinen Lohn –, allerdings versorgten sie den Haushalt mit Kaffee, Speck, billigen Kleidern und Heizöl.
Früher, in der kommunistischen Zeit, sei er manchmal mit seinen Schwestern ins Café Korsos am Hauptplatz gegangen und habe dort bis in den Morgen getanzt und gezecht. Jetzt aber traue er sich nicht einmal in den Supermarkt neben dem Korsos, denn die Geschäftsführung finanziere eine Schlägergarde, die Roma und Hunde von den Geschäften fernhalte. Das Geschäft gehöre einem österreichischen Konzern, der sei aber vor kurzem an einen größeren deutschen verkauft worden. István lachte, als sei das ein Witz.
Groll fröstelte bei dem Gedanken, in die kalte Herbstnacht hinauszugehen und vor deutschen und amerika-

nischen Kreuzfahrt-Passagieren einen armen Roma zu mimen, der jämmerlich gefertigtes Stickzeug feilhält. Die Handwerksarbeit müsse auch aus zehn Metern Entfernung, vom Schiff aus, erbärmlich aussehen, hatte István seinen Schwestern eingeschärft, die Touristen seien sonst in ihrem Mitleid verunsichert. Neuerdings mache er in einer Stunde, so lange dauerten die Grenzformalitäten, mehr Umsatz als sonst in einem Monat Fischfang, sagte István, und er war ärgerlich, denn diese Entwicklung untergrub seine Autorität als Fischer und reduzierte ihn auf einen Almosenempfänger. Aber es sei leicht verdientes Geld, ein Trottel, wer da nicht zulange.
Die Uhr zeigte elf Uhr fünfzehn. István beglich die Rechnung, schlüpfte in seinen Parka und griff nach dem Stickzeug. Lady erhob sich schwerfällig. Groll setzte eine zerschlissene Baskenmütze auf.

Mohács, an der Fähre

Parkinson, dachte Groll, der Mann hat Parkinson. Der Alte, dessen Hände erbarmungswürdig zitterten, machte einen Schritt zurück an die Kaimauer. Pócsarnót, Entschuldigung, hörte Groll ihn murmeln, als er an ihm vorbeifuhr. Da blieb das linke Vorderrad an einem Stein hängen, Joseph drehte sich nach rechts und für einen Moment drohte Groll über die Böschung in den Fluß zu stürzen. Unvermittelt stand der Alte hinter ihm, sein Atem roch nach schlechtem Tabak. Ohne zu fragen, schob er den Rollstuhl aus der Gefahrenzone.

Schweigend lief der Mann neben Groll her. Es dämmerte, und über dem Strom hingen Nebelschwaden. Weit und breit war kein Schiff zu sehen. Am Fährbuffet lud Groll den Alten auf eine Flasche Bier ein. „Wegen des elenden Zitterns verschüttet er den halben Inhalt“, dachte er und schenkte vorsichtig nach.

„Unfall?“ fragte der Alte auf Deutsch und deutete mit einer Hebung des Kinns auf den Rollstuhl.

„Parkinson?“ fragte Groll zurück. Er haßte Gespräche, die mit der Frage nach dem Grund seiner Behinderung begannen. In Mitteleuropa beginnen alle Gespräche mit dieser Frage.

Der Alte schüttelte den Kopf. „Csepel“, sagte er. „Neunzehnachtundvierzig bis Fünfundsechzig.“

„Sie waren im Stahlwerk?" Groll war erstaunt. Der Mann sah nicht wie ein Stahlarbeiter aus.

„Ich bin einen Csepel gefahren. Einen Csepel 50, einen LKW. Durch ganz Ungarn, auf den schlechtesten Straßen der Welt. Straßen, vom Krieg verheert, trostlose Alleen, mit Schlaglöchern so tief, daß Kinder darin baden konnten. Vier Millionen Kilometer überland. Mit diesen Händen." Er hob die zitternden Gliedmaßen anklagend hoch. „Fünfundachtzig hat man mich in die Invalidenrente geschickt – die Hände haben so sehr gezittert, daß ich am Budapester Ring die Spur nicht mehr halten konnte", sagte der Alte.

Draußen passierte ein ungarisches Werkstattschiff die Fährstation, der Schlepper fuhr außerhalb der Fahrrinne und war schwach beleuchtet. Als Groll den Blick vom Fluß wandte, bemerkte er, daß der Alte, der wie ein Schulkind die Hände auf die Tischplatte gelegt hatte, eingenickt war. Der Tisch zitterte leicht.

Langau bei Geras

Ob er blind sei, rief der Mann an der Theke dem Wirt zu, seit zehn Minuten stehe der Rollstuhlfahrer an seiner Seite und werde nicht bedient. Mürrisch erkundigte der Wirt sich nach Grolls Wünschen. Grolls Nachbar reichte kaum über die Theke hinaus, und er war erstaunlich breit, ohne aber dick zu sein. Es erschien Groll ratsam, nicht dagegen zu protestieren, daß der vierschrötige Mann ihn duzte, er wußte, daß ab einem bestimmten Breitengrad die Menschen auf diese Weise miteinander verkehren – er hatte dies einer Reportage über die nordschwedische Bergbaustadt Kiruna entnommen, und was im hohen Norden Schwedens galt, konnte im Waldviertel nicht falsch sein.

Das Seerestaurant des ehemaligen Braunkohletagebaus Langau war eine geräumige Holzhütte, die die Liegewiese des Freibads gegen einen Fichtenhain begrenzte. In einiger Entfernung vom Ufer ragte ein Holzdreieck aus dem Wasser, es handelte sich aber nicht um einen Rest der ehemaligen Förderanlagen, sondern um eine Wassersprungschanze.

Die Menschen scheinen stolz auf ihre industrielle Vergangenheit zu sein, dachte Groll, der die Bilder an den Wänden betrachtete, die den Tagebau in verschiedenen Stadien zeigten. Der Wirt stellte einen doppelten Mokka und ein Glas Rotwein vor ihm ab; Groll fin-

gerte im Netz seines Rollstuhls und ließ zwei Tabletten Süßstoff in den Kaffee gleiten, eine zuviel, wie er bald bemerkte, denn der vermeintliche Mokka war dünn wie Fertigsuppe.
Während er umrührte, sprach sein Nachbar auf ihn ein: Im Zuge des Ersten Weltkrieges habe ein Offizier anläßlich einer Schießübung einen Kohleflöz entdeckt, und gleich nach dem Krieg sei mit dem Abbau der Braunkohle begonnen worden. Diese sei zwar von schlechter Qualität gewesen, hatte zu viele Anteile von Schwefel und Eisen, aber die erste Republik brauchte dringend Energie, und nach 1945 war das nicht anders. In den besten Zeiten seien an die dreihundert Arbeiter in der Grube beschäftigt gewesen, viele davon ehemalige Mineure beim Persenbeuger Donaukraftwerk. Bis ein Bagger hergeschafft wurde, der auf einen Schlag zweihundert Mann überflüssig machte. Ende der sechziger Jahre habe es auch ihn erwischt, sagte der Mann und bestellte noch ein Glas Wein. Er habe auf Landmaschinenschlosser umsatteln müssen, für jemanden wie ihn, der riesige Grubenloks gewartet hatte, sei der Umgang mit verbogenen Eggen ein beklagenswerter Abstieg. Die adeligen Großgrundbesitzer aus der Umgebung hätten sich um die stillgelegte Grube gebalgt, aber die Gemeinde Langau habe es verstanden, die Grube aus eigener Kraft zu einem Freizeitzentrum zu machen.
Das Erholungsgebiet sei annehmbar, pflichtete Groll dem Mann bei, er sehe nur einen Nachteil, es unter-

scheide sich in nichts von den umliegenden Wäldern, Teichen und menschenleeren Fluren. Der ehemalige Bergwerksschlosser widersprach heftig; der Badeteich weise sehr wohl eine Besonderheit auf: er habe die chemische Zusammensetzung von Gerberlauge. Wenn man einen Fuchspelz in das Wasser halte, sei er drei Tage später gegerbt. Außerdem breche der Schwefel manchmal bis an die Wasseroberfläche durch. Wer das Pech habe, dort zu schwimmen, werde ohnmächtig und ertrinke. Er jedenfalls stecke nur seine Knöchel ins Wasser, und auch das nur, wenn die Füße vom Pilzesuchen zerstochen und zerkratzt sind, denn die Lauge heile die Schrammen im Handumdrehen.

Groll dachte an seine Haushälterin. Seit ihrer Kindheit litt sie unter nervöser Akne. Ein unbedachtes Wort von Groll, und in ihrem Gesicht brachen mächtige Pusteln auf, die nach einigen Tagen in eitrige Schründe und Klüfte übergingen. Wenn er sie ins Langauer Wasser steckte, könnte er ihr unbeschwert Vorwürfe wegen ihrer nachlässigen Reinigungsarbeit machen. So wäre allen geholfen, dachte Groll: ihrem Gesicht, seiner Psyche und der verdreckten Wohnung. Und er beschloß, seine Haushälterin zu einem Badeausflug einzuladen.

Das Venedig des Waldviertels

Als Ende der fünfziger Jahre die Kamptalseen errichtet wurden, kam es beim Aufstau des größten, des Ottensteiner Sees, zur Überflutung mehrerer Ortschaften. Plöttbach ist eine davon, und das Dorf genießt unter Wassersportlern einen besonderen Ruf, denn Plöttbach ist die einzige Gemeinde Österreichs, deren Häuser durch Wasserstraßen getrennt sind. Ist der Wasserstand hoch genug, kann man mit dem Boot durch einstige Stuben, Schlafkammern und Ställe fahren. Über dem Dorf wacht auf einem Hügel, überwuchert von Efeu und beschattet von Kiefern und Birken, eine Kirchenruine. Früher fanden Wanderer in der Ruine Zuflucht vor Unwettern, jetzt aber sind Tor und Fenster zugemauert. Das Pfarramt von Neupölla wollte die heilige Stätte nicht durch Kondome entehrt sehen.

Ein umtriebiger Fremdenverkehrsmanager aus Horn verfiel einst auf die Idee, Plöttbach als das Venedig des Waldviertels zu vermarkten. Zu diesem Zweck fuhr der Mann nach Venedig und bot dem dortigen Bürgermeister eine Städtepartnerschaft an. Leider ging der Würdenträger auf das Angebot nicht ein, und als der Fremdenverkehrsmann versuchte, den stolzen Venezianer mit einer Portion Waldviertler Knödel zu bestechen, wurde er mit einem Vaporetto auf einer unbewohnten Laguneninsel abgesetzt.

Der Manager wunderte sich nicht. Ihm war zu Ohren gekommen, daß der Bürgermeister in seinem Zivilberuf Philosophieprofessor und Nietzsche-Spezialist war, und Nietzsche hatte, so lautete eine Expertise der Universität Wien, die der Fremdenverkehrsmann in Auftrag gab, zwar ein umfangreiches Werk hinterlassen, aber zu Plöttbach war keine Äußerung überliefert. Aus der Städtepartnerschaft Venedig-Plöttbach wurde nichts.
Durch einen Zufall erfuhr Groll von der Sache und machte sich auf zu den Kamptalstauseen. Er wußte, daß Plöttbach und Venedig mehr verband, als Nietzsche und der venezianische Bürgermeister sich träumen ließen. Der Fremdenverkehrsmanager holte Groll mit einem Ruderboot am Anlegesteg zu Mitterreith ab. Während sie langsam in den Plöttbacher Arm einfuhren, begann Groll seine Erzählung. Plöttbach sei Teil des Truppenübungsplatzes Allensteig gewesen. Der wiederum sei von den Nazis just in jenem Gebiet eingerichtet worden, in dem Hitlers Vorfahren gelebt hatten. Der Führer wollte die Spuren seiner ärmlichen Herkunft getilgt wissen und ließ dreizehn Dörfer rund um Döllersheim, den Geburtsort von Hitlers Mutter, durch Artilleriebeschuß dem Erdboden gleichmachen. Plöttbach sei also bereits ein Ruinendorf gewesen, als es geflutet wurde. Das sei ihm bekannt, sagte der Fremdenverkehrsmanager. Aber was habe Plöttbachs Schicksal mit Venedig zu tun?
Viel, sagte Groll. Im Juli 1849, als die Revolution in Wien und Ungarn längst geschlagen gewesen sei, habe

einzig das tapfere Venedig noch den Habsburgern widerstanden. Revolutionäre aus allen Teilen der Monarchie verteidigten die Serenissima nicht nur gegen Granatenbeschuß, sondern auch gegen die ersten Bombenangriffe der Weltgeschichte. Ein kaiserlicher Offizier namens Uchatius hatte einen Mechanismus entwickelt, der es erlaubte, unbemannte Fesselballons mit Zeitzünderbomben zu bestücken. Tatsächlich verübten die Habsburger den ersten Bombenangriff der Weltgeschichte, und zwar auf die Unvergleichliche, auf Venedig. Einige Menschen starben, Paläste und Kunstschätze wurden beschädigt. Doch hätten die Österreicher das Bombardement schließlich einstellen müssen, weil der Wind die Ballons über das Festland und die eigenen Truppen trieb, wo die Bomben tödliche Ernte hielten. Sie sehen, meinte Groll, Venedig blieb das Schicksal Plöttbachs nur um ein Haar erspart. Der Manager solle noch einmal mit dem Bürgermeister reden.
Daraufhin versprach der Tourismusexperte, der neue Hoffnung schöpfte, noch einmal nach Venedig zu reisen.
Venedig wird stolz auf die Partnerschaft sein, bekräftigte Groll. Bald schon wird Plöttbach von Italienern gestürmt werden. Hier können sie ihre Vergangenheit, und – was die Überflutung anlangt – auch ihre Zukunft studieren. Und wenn die Venezianer dann in mondhellen Nächten unter der Kirche von Plöttbach sitzen und auf den Fjord schauen, werden sie Spuren

der einstigen Dorfstraße erkennen und frühmorgens, wenn sich die Waldviertler Nebel drehen, werden sie die Schreie der Verwundeten und die Detonationen der Bomben hören, und mit einem Mal werden sie wissen, daß Plöttbach und Venedig eins sind.
Meinen Sie wirklich, fragte der Fremdenverkehrsmanager unsicher.
Sie brauchen nur eine leistungsfähige Tonanlage und einen Nebelwerfer, erwiderte Groll.

Joachim Haspinger, Revolutionär

Wer die Straße von Hautzendorf nach Niederkreuzstetten nimmt, stößt unweit des Ortsendes auf eine schmale, über ein namenloses Bächlein führende asphaltierte Straße. Ein grünes Schild klärt den Reisenden darüber auf, daß es sich bei der löchrigen, von Lehm verschmutzten Straße nicht um einen Güterweg handelt. „Heiliger Berg“ verkündet die Tafel, und tatsächlich erblickt der Reisende, wenn er den Kopf schwenkt, auf einem bewaldeten Hügel eine klobige steinerne Kirche mit einem weithin das sanfte Tal beherrschenden Spitzturm.

Dorthin lenkte Groll seinen Wagen. Am Fuße des Hügels hatte er drei mögliche Zufahrtswege zur Kirche ausgemacht, und er entschied sich, da er mit dem Rollstuhl keine Chance sah, den Berg zu erklimmen, für den am wenigsten steilen. Nach der ersten Kurve erwies sich diese Einschätzung als fatal, denn aus dem Fahrweg wurde zuerst ein Treppelweg, der bald darauf in einen Pfad überging, den Groll bei sich „Hochgebirgssteig“ schimpfte. An Umdrehen war nicht zu denken, und so blieb nur der Durchbruch auf den Kirchenvorplatz. Von Dornen zerkratzt, über Felsbrocken und Wurzeln schlingernd, schaffte Grolls Wagen mit letzter Kraft die Auffahrt zur Kirche, die von einer mannshohen Steinmauer umgeben war. Ringsum verwehrten morsche Eichen und altersschwache Hainbuchen die Sicht ins Tal. Die Kirchenfenster waren zugemauert oder mit Holzbrettern zugenagelt. Allerlei Gewächs überwucherte den einstigen Kiesweg zum Eingang – es hatte den Anschein, als befände die Kirche sich seit Jahrzehnten im Dornröschenschlaf. Eine unscheinbare Tafel neben der gußeisernen Eingangstür erregte Grolls Aufmerksamkeit. Der Mauerdurchlaß war zu schmal, um ihn mit dem Rollstuhl passieren zu können, also blieb Groll im Wagen sitzen und las mittels seines Feldstechers die Inschrift auf der Tafel. Sie besagte, daß der Kapuzinerpater Joachim Haspinger, der Stratege des Tiroler Befreiungskampfes gegen die vereinigten Franzosen und Bayern des Jahres 1809, von 1815 bis 1836 die Wallfahrtskirche zum Heiligen Berg geführt habe. Groll las den Text mehrere Male, er konnte nicht glauben, daß das Geheimnis um Joachim Haspingers Schicksal eine derart profane Lösung hatte. Während Hofer und andere seiner Mitstreiter von den Franzosen erschossen wurden, war dem strategischen Kopf der Revolution, dem Südtiroler Joachim Haspinger, die Flucht aus den Bergen in die Ebene gelungen. In der von immer wiederkehrenden Überschwemmungen der Donau bedrohten winzigen Ortschaft Jedlersdorf – heute Teil des 21. Wiener Gemeindebezirks – hatte Haspinger die Stelle eines Dorfpfarrers am Wallfahrtskirchlein Maria Taferl übernommen. Von 1813 bis 1815 ist sein Aufenthalt in Jedlersdorf belegt, am Pfarrkirchlein erinnert eine Gedenktafel an den Tiroler Freiheitskämpfer. Was

Haspinger dann gemacht hatte, wieso er das entlegene Jedlersdorf mit dem noch viel entlegeneren Hautzendorf vertauscht hatte, für Jahrzehnte, wahrscheinlich bis zu seinem Lebensende; ob er davor zurückschreckte, Kontakt mit seinen Tiroler Kameraden aufzunehmen, die nicht nur von Mitkämpfern, sondern auch vom Kaiserhaus verraten worden waren, oder ob er nach all den Enttäuschungen der Revolution entsagte und zum frommen Gottesmann mutierte – diese Fragen gingen Groll im Kopf herum, als er im Wagen saß und die trutzige Kirche mit ihren schießschartengleichen Fenstern betrachtete. Je mehr sich ihm der fortifikatorische Charakter der Gottesburg erschloß, umso sicherer erschien es ihm, daß Haspinger wie so viele 48er nach ihm einfach überwintert hatte, abgeklärt, aber ungebeugt, und er hätte viel darum gegeben, einer Revolutionspredigt des Kapuzinerpaters lauschen zu können.

Wie die Marchfeldbauern die Republik erkämpften

Sehr geehrter Herr Dozent! Verehrter Freund!
Sie geruhten neulich in einen historischen Disput mit mir einzutreten. Es ging, wie Sie sich erinnern werden, um das Ende der Habsburgermonarchie und die bedeutende Rolle, welche die Bauern des Marchfelds dabei spielten. Da der Disput eine von mir nicht beabsichtigte Wendung ins Persönliche nahm, sehe ich mich gezwungen, der historischen Wahrheit auf schriftlichem Wege zum Durchbruch zu verhelfen. Was das Ende der Dynastie anlangt, verhält es sich wie folgt:
Weil die Habsburger im Marchfeld auf die Jagd gingen und sich nachher in ihren Jagdschlössern aufzuwärmen pflegten, gilt das Marchfeld als Kulturland. Daran konnte auch der Umstand nichts ändern, daß die Habsburger mangels Schießfertigkeit im Laufe der Zeit von der Schnepfenjagd abkamen und stattdessen die hundegroße, flugunfähige Großtrappe bejagten und ausrotteten. Am 10. November 1918 ließ Kaiser Karl den Wiener Erzbischof bei den Christlichsozialen intervenieren, um sie für die Erhaltung der Monarchie zu gewinnen. Gleichzeitig legte die Sozialdemokratie sich aber auf die Einführung einer demokratischen Republik fest. Nach dem Tod des Parteiführers und Monarchiebefürworters Viktor Adler, der am selben Tag verstarb, fiel ihr das leicht. Einen Tag später erklärte Kaiser Karl in einem Manifest an das österrei-

chische Volk, daß er auf die Ausübung der Regierungsgeschäfte verzichte. Noch am selben Tag zog er sich mit seiner Familie auf das Jagdschloß Eckartsau im Marchfeld zurück. Als der abgedankte Kaiser, von Schönbrunn kommend, in das Dorf einfuhr, jubelten ihm die Bauern zu. Als er das Dorf in Richtung Au verließ, durchtrennten sie die Stromleitungen, die zum Schloß führten.
In diesen Tagen herrschte in weiten Teilen Österreichs Hunger. Im slowenischen Celje und in Linz kam es zu blutigen Zusammenstößen der Bevölkerung mit der Polizei, in Wien waren Hungerdemonstrationen und Plünderungen an der Tagesordnung; in Graz demonstrierten Hausfrauen gegen die hohen Obst- und Gemüsepreise, worauf die Polizei in die Menge schoß und fünfzehn Menschen tötete. In Leoben kamen fünf Menschen bei ähnlichen Demonstrationen ums Leben. Zur selben Zeit schoß Kaiser Karl – er hatte auf eine Großtrappe angelegt – in der Marchfelder Au einen Hirsch. Als ein Schloßdiener sich anschickte, das Tier auszuweiden, verprügelten ihn aufgebrachte Waldarbeiter. Die Emeute machte auch vor Karl nicht halt, er mußte den Arbeitern beim Holzsammeln zur Hand gehen, was er bereitwillig, aber reichlich ungeschickt tat. Als er sich nach getaner Arbeit ein Herz faßte und bei den Waldarbeitern wegen des Hirschen vorstellig wurde, verprügelten diese auch ihn und schickten den Kaiser, nicht ohne ihn vorher seiner Kleider beraubt zu haben, auf das Schloß zurück. Kaiserin Zita er-

bebte in dynastischem Ingrimm. Am nächsten Tag machte sie sich auf, den Ortspfarrer um Beistand zu bitten. Der ließ sich verleugnen, worauf Zita das Dorfgasthaus aufsuchte und die dort versammelten Männer mit einem güldenen Kruzifix in der rechten Hand zur Rede stellte.

Der genaue Hergang der folgenden Stunden konnte bis heute nicht vollständig rekonstruiert werden. Fest steht nur, daß Zita spätabends im volltrunkenem Zustand und obszöne Lieder grölend auf der Landstraße nach Orth aufgegriffen wurde. Ein Dorfgendarm überstellte die Kaiserin ins Schloß, wo sie endgültig dem religiösen Wahn verfiel. In der *Arbeiterzeitung* wurde die republikanische Gesinnung der Marchfeldbauern wohlwollend erwähnt. Der Revolutionär Friedrich Adler erwog kurze Zeit sogar eine Exkursion nach Eckartsau, schreckte aber dann doch vor den Strapazen der Autofahrt zurück.

Kaiser Karl stand den Verfolgungen seiner Untertanen hilflos gegenüber. Also suchte er bei den Siegermächten um Hilfe an. Sie wurde ihm gewährt. Auf einem englischen Flußmonitor namens *Glowworm* wurde das Kaiserpaar auf der Donau an die Küste des Schwarzen Meers verschifft. Als Karl Monate später im "Feldkircher Manifest" seinen Thronverzicht widerrief, griffen die Marchfelder zu den Waffen und rüsteten zu einem Marsch auf Wien. Daraufhin sah die Regierung sich genötigt, den Besitz der Habsburger zu enteignen und den Adel abzuschaffen. Weitere Restau-

rationsversuche des Kaiserpaars in Ungarn endeten mit dem bekannten Fiasko. Weniger bekannt ist allerdings die Tatsache, daß es Freiwillige aus dem Marchfeld waren, die dem ungarischen Reichsverweser Horthy die Nachricht von den nach Budapest vorrückenden kaisertreuen Truppen überbrachten. Die waffenstarrenden Insurgenten unter der Führung des Generals Anton von Lehár, dem Bruder des Operettenkomponisten, gaben nach einem Gefecht an einer Eisenbahnbrücke in den Budapester Vorbergen auf.
Karl sollte nie wieder nach Eckartsau zurückkehren. Am 24. Oktober 1921 traf er mit seiner Familie in Funchal ein. Seine ehemaligen Untertanen wissen diese konsequente Haltung zu schätzen. So kommt es, daß sich auf dem Grab Karls in Madeira immer ein frischer Strauß Trockenblumen aus Eckartsau befindet.
Verehrter Herr Dozent! Soweit die historische Wahrheit. In der Gewißheit, daß Sie selbige nun nicht mehr in Zweifel ziehen mögen, verbleibe ich mit Donaugruß!

Ihr Groll

Krems an der Donau oder Von deutschen Meistern

Groll stand stirnrunzelnd vor dem restaurierten Konzerthaus in Wien und notierte die Aufschrift „Ehret Eure deutschen Meister.“ Der Dozent gesellte sich zu ihm.
„Seltsame Huldigung, nicht wahr“, sagte der Dozent.
„In der Tat“, sagte Groll und steckte das Notizbuch weg. „Ich würde den Spruch modifizieren“, fuhr der Dozent fort. „Der Tod ist ein Meister aus Deutschland. Sie wirken bedrückt, lieber Groll.“
„Weil ich angesichts des Wiener Konzerthauses an Gneixendorf bei Krems denken muß“, erwiderte Groll. „Jenes Gneixendorf, in dem der junge Beethoven zwei Sommer lang in einem Herrenhaus ausspannte und sich an den Weinen der Gegend labte. Er ließ sich von Kremser Fuhrknechten, die Wein für die Wirtshäuser der Wiener Innenstadt lieferten, auf den schweren Wagen mitnehmen und kam so, bestens ausgeruht und wohl auch schon ein wenig illuminiert, nach Gneixendorf – ins heutige Beethoven-Haus. Auf seinen Spaziergängen wanderte Beethoven über die Felder nach Langenlois, um die dortigen Buschenschenken zu beehren. Auf dieser Hochebene, die heute den Sportflughafen Krems beherbergt, errichteten die Nazis das größte Kriegsgefangenenlager auf österreichischem Boden, ein Lager, das bis zu 60.000 Gefangene – Polen, Franzosen, Serben, Briten, Amerikaner und

Sowjets – aufwies und auch als Nebenlager von Mauthausen diente. Wenn Sie die Zufahrtsstraße zum Flughafen nehmen, finden Sie unscheinbare Gedenktafeln, die an die Tragödien, die sich in diesem Lager ereigneten, erinnern. Noch in den neunziger Jahren des vorigen Jahrhunderts befand sich zwischen dem Beethovenhaus und dem Flughafen ein Robinienwäldchen, das auf den gesprengten Ruinen des Lagers wuchs. Reste der Lagerstraßen und der gemauerten Kommandogebäude waren unschwer zu erkennen. Ich bin oft mit dem Rad durch das Wäldchen gefahren. Ich wußte nur, daß sich hier einst ein Kriegsgefangenenlager befand. Daß Tausende Häftlinge dort zugrunde gegangen waren, wußte ich nicht. Auch daß ein Generalbefehl existierte, der sowjetische Offiziere von vornherein dem Tod preisgab, während Amerikaner und Briten – meist abgeschossene Piloten – intakte Überlebenschancen hatten, war mir nicht bekannt. In Gneixendorf wurde darüber nicht geredet, in Krems und in Langenlois ebenso nicht – obwohl damals Aberdutzende Aufseher und Hilfspersonal aus den Dörfern der Umgebung stammten. Es war kein Mantel des Schweigens, der sich über das Vergangene gebreitet hatte, es war eine Lößschicht des Grauens. Zwei in Gneixendorf inhaftierte Amerikaner schrieben nach dem Krieg ein Theaterstück über das Lager. Unter dem Titel ‚Stalag 17' lief es mit gutem Erfolg auf dem Broadway. Billy Wilder machte 1952 daraus einen Film, der in den USA populär wurde, der aber –

auch das kein Zufall – in Österreich kaum bekannt ist und vom ORF ebensowenig gezeigt wurde wie die von Burt Lancaster moderierte große zwanzigteilige amerikanisch-sowjetische Dokumentation ‚The Unknown War'. In ganz Europa, ja auf der ganzen Welt, wurde diese erschütternde Dokumentation ausgestrahlt, nur der ORF unter Gerd Bacher beschloß, die Österreicher der Belastung durch die historische Wahrheit nicht auszusetzen."

„Es ist mehr als eine Volte der Geschichte, daß der Sohn des freiheitlichen Politikers Schimanek sich in dieser Gegend mit Neonazis aus ganz Europa herumtrieb, Waffenübungen und ‚sportliche Ertüchtigungen' abhielt", ergänzte der Dozent.

„Und es ist ein makabres Zusammentreffen, daß das Haus, in dem Beethoven sich entspannte, einen Steinwurf von einem späteren KZ-Außenlager entfernt liegt", fuhr Groll fort.

„Eine Parallele zu Weimar, wo man vom Gelände der KZ-Gedenkstätte Buchenwald auf das Goethe-Haus hinunterschaut", sagte der Dozent.

Groll antwortete nicht. Er dachte darüber nach, wie man den Spruch auf dem restaurierten Konzerthaus entfernen könnte.

Mautern, Panzerkaserne

Die Geschichte ereignete sich vor vierzig Jahren auf der Bundesstraße von St. Pölten nach Krems. Damals gab es die Autobahnbrücke über die Donau noch nicht, der Schwerverkehr wälzte sich in übelriechenden Wolken den steilen Göttweiger Berg hinauf. Zwischen Furth und Mautern führte die Straße über freies Feld, vorbei an der Mauterner Panzerkaserne, und durchschnitt das dazugehörige Übungsgelände. Groll war ein Bub von fünf Jahren und spielte vor der Kasernensiedlung im Freien, als er ein schrilles Quietschen hörte, das plötzlich erstarb und dem ein dumpfer Knall folgte. Dann war lauter Motorlärm zu hören, als würde eine Maschine bei Vollgas steckengeblieben sein. Groll rannte und stolperte über das von Panzerketten zerfurchte und mit Regenwasser getränkte Manövergelände, seine Beine versanken bis über die Knie im Dreck. Er wußte, daß zu Hause ein Donnerwetter folgen würde, aber der Motor heulte immer noch und nichts in der Welt hätte ihn aufhalten können, dem Geheimnis auf die Spur zu kommen. Außer Atem und über und über mit Schlamm bespritzt, erreichte er die Bundesstraße auf Höhe der Kaserne. Ein roter Sportwagen hatte sich mit der Schnauze in eine Alleepappel gebohrt, die Motorhaube setzte sich rechts und links des erstaunlich unversehrten Baums ein ganzes Stück fort, als würde sie den Baum am liebsten ins Auto einsteigen lassen und mit ihm fortfahren. Obwohl der Motor heulte, war es ein friedliches Bild, denn auf den Vordersitzen des roten Sportwagens saßen ein älterer Mann und eine wesentlich jüngere Frau und schienen zu schlafen. Die beiden müssen ganz schön müde sein, dachte Groll, bei dem Lärm schlafen zu können, muss ihnen erst einer nachmachen. Der Mann war schmächtig und hatte ein fein geschnittenes Gesicht mit einem kleinen Oberlippenbärtchen. Und seltsamerweise war das Bärtchen dunkel, fast schwarz, während das Haar des Mannes an den Schläfen weiß und lang war. Am Mittelschädel hatte er überhaupt keine Haare mehr, aber die Haut war stark von der Sonne gerötet. Der Kopf des Mannes war seiner Beifahrerin zugeneigt, und es schien, als sei der Mann mitten in einem Satz eingeschlafen. Die Frau hatte volles dunkles Haar und sie trug eine weiße Sportkappe. Die Augen waren geöffnet, und sie starrten in die Ferne, in die Wachau, wie Groll feststellte, als er dem Blick folgte. Die Wachau, das wußte Groll damals schon, ist sehr schön. Es war also klug von der Frau, in diese Richtung zu schauen, dachte Groll. Seltsam fand er nur, daß aus der Nase und den Ohren der Schlafenden kleine rote Schnüre hingen, und als er näher ging, um die Schnüre zu entfernen, die die Frau sicher stören mußten, sah er, daß die Schnüre tropften. Endlich waren auch Männer von der Kaserne gekommen. Sie wollen das schöne rote Auto und die schlafenden Menschen bewundern, dachte Groll, und mit

einer einladenden Handbewegung wies er auf den Sportwagen, als würde er ihn den Soldaten vorstellen. Die erwiesen sich aber als gar nicht höflich und zogen Groll unsanft zurück. Sie rissen die Tür auf und fielen über die beiden Schlafenden her, als gönnten sie ihnen den Schlaf und das schöne rote Auto nicht, was Groll allerdings verstehen konnte, denn er hätte auch gern gehabt, daß sein Vater mit einem schnittigen Flitzer mit ihm an der Seite durch die Wachau sausen könnte. Aber Grolls Vater, der als Konstrukteur bei den Voith-Werken in St. Pölten arbeitete, hatte es nur zu einer launischen Renault Dauphine gebracht, mit der er jeden Tag in die Arbeit fuhr und die in jedem Regen stehenblieb, ein Kleinwagen mit einem Hintern wie ein Baby, und so war auch seine Farbe. Babyblau. Meistens aber war er dreckig, dann war er grau.
Irgend jemand hatte Groll ein paar Meter ins Manövergelände zurückgetragen und in einer tiefen Panzerfurche abgestellt. Ein gelber Kastenwagen war jetzt eingetroffen und ein Mann in einem weißen Kittel kümmerte sich um die beiden Schlafenden, die man neben dem Wagen ins Gras gelegt hatte. Es gefiel Groll, daß die beiden beschlossen hatten, weiter zu schlafen. Er an ihrer Stelle hätte genauso gehandelt. Dann sah er nichts mehr, weil immer mehr Soldaten in ihren froschgrünen Uniformen den Wagen umringten, und irgendwann hörte auch das Heulen des Motors auf. Groll wartete noch, bis man die beiden Schlafenden auf Betten gelegt und in den gelben Kastenwagen

geschoben hatte. Er fand es schade, daß man die beiden nicht weiter in dem roten Auto schlafen ließ. Wenn sie ausgeschlafen wären, würden sie sich die Augen reiben und weiter in die schöne Wachau fahren. So steckten sie in dem häßlichen Kastenwagen und würden von der Wachau einen schlechten Eindruck kriegen. Traurig stapfte Groll durchs Manövergelände nach Hause.

Langenlois, vom Weinmarketing

In einem Supermarkt an der Umfahrungsstraße erwarben Groll und der Dozent zwei Dosen Bier und einen Kamm. Als der Dozent angesichts von Grolls schütterem Haupthaar meinte, ein kleiner Kamm tue es auch, kaufte Groll aus Bestemm einen besonders großen und steckte ihn ins Rollstuhlnetz. Ein weiterer Konflikt ergab sich, als Groll sich weigerte, anstelle einer Packung Original-Soletti ein No-Name-Produkt zu nehmen. Dieses war zwar um die Hälfte billiger, darüber hinaus sei, wie der Dozent behauptete, auch der Inhalt derselbe, weil im selben Werk auf denselben Maschinen wie die Originalsalzstangen hergestellt, dennoch beharrte Groll auf der Markenware. Allein die Aura, die beim Namen „Soletti" mitschwinge, rechtfertige den erhöhten Preis. Außerdem könne er sich nicht überwinden, eine Packung mit dem plumpen Namen „Stickletti" auch nur anzuschauen, ohne einen Kreislaufkollaps zu riskieren. Der Name „Stickletti" sei bloß eine Mischung aus dem englischen „sticks" und den beiden Endsilben von „Soletti", erwiderte daraufhin der Dozent. Groll aber herrschte ihn an, daß er sortenreine Salzstangen wolle, keine Salzstangen-Cuvées. Letzteres sei zwar bei Rotweinen gebräuchlich, aber auch da neige er zu sortenreinen Gewächsen wie dem berühmten „Rinnenden Zapfen" des Stifts Klosterneuburg, einem fruchtig-samtigen

Zweigelt, der noch dazu äußerst wohlfeil angeboten werde.
Groll zog den Dozenten mit sich fort. Zwischen Knabbergebäck und spanischen Billigweinen klärte er ihn weiter auf. Er lobte die in den siebziger Jahren des vorigen Jahrhunderts vom Weinmarketing verfolgte Strategie, mit sortenreinen Weinen aus bestimmten Regionen Markennamen zu etablieren; er nannte in diesem Zusammenhang den „Poysdorfer Saurüssel", den „Dürnsteiner Flohaxn" und den „Roten Storch". Den Poysdorfer und Dürnsteiner Werbestrategen sei mit den Brandnames Geniales gelungen; die Verbindung von Orten mit einem skurrilen Begriff aus der Tierwelt sei von hohem Wiedererkennungswert und präge sich unlöschbar in die Herzen und Hirne nicht nur der Weintrinker ein. Leider sei diese großartige Werbestrategie aus kleinlichen Eifersüchteleien der Weinbaugenossenschaften nicht weiter verfolgt worden. Er, Groll, habe in den Folgejahren mehrfach versucht, neue Markennamen vorzuschlagen – er nannte den „Ruster Hirntod", der einem milden Welschriesling den Namen hätte geben sollen, ferner die „Spitzer Gurgel", einen Urgesteinsriesling aus Resten des römischen Straßenbaus, sowie den „Kremser Bräunling", einen süffigen Müller-Thurgau mit ausgeprägtem politischem Abgang. Schließlich erwähnte er noch die Bezeichnung „Retzer Auswurf" für einen kräftigen St. Laurent. Er wollte all diese Markennamen schützen lassen, sagte Groll. Sein Ziel sei gewesen, am

unzweifelhaft ins Haus stehenden Aufschwung ein wenig mitzunaschen. Aber das Landwirtschaftsministerium, an welches er sich in dieser Angelegenheit mehrfach schriftlich gewandt habe, hätte ihm infolge mutwilliger Inanspruchnahme einer Behörde eine bedingte Geldstrafe verpasst. Auch direkte Kontakte mit Weinhauern und Genossenschaften hätten nicht gefruchtet; er sei mit seiner Idee abgeblitzt und habe sich danach vom Weinmarketing zurückgezogen.

Der Dozent glaubte Groll aufs Wort und erwarb eine Flasche Merlot aus dem Veneto um einen Euro dreißig.

Auf den Spuren von Billy Wilder

Als Billy Wilder das letzte Mal in Österreich weilte, führte ihn ein Ausflug in die Wachau, zum Landgasthaus Jamek. Daran dachte Groll, als er eines Tages im Radio hörte, daß in der Wachau die Marillen erblüht seien. Was für Billy Wilder billig sei, könne ihm nur recht sein, sagte sich Groll und machte sich auf den Weg. Weiters hieß es im Radio, die Donau sei nach dem jüngsten Hochwasser wieder in ihr Bett zurückgekehrt. Nachdem Groll seinen Wagen auf dem Jochinger Parkplatz abgestellt hatte und nirgendwo blühende Marillenbäume ausmachen konnte, führte ihn der erste Weg an den Strom. Ein erdfarbener Teig überzog die Gärten, er härtete in der Sonne und bekam erste Risse. An den Uferböschungen wuchs frisches grünes Gras durch den Schlamm, vereinzelt blühten Gänseblümchen. Bagger kratzten Schlamm von den Treppelwegen. Und was das Schönste war: Schiffe fuhren unbehelligt durch die Flußenge. Nachdem Groll sich satt gesehen hatte, wollte er, Billy Wilders gedenkend, seinen Durst im nahen Jamek löschen. Zu seiner Überraschung fand er den Eingang unpassierbar. Immer schon waren zwei Stufen vor dem Eingang gewesen, aber man konnte über die Wiese hinauffahren. Nun war die Wiese verschwunden und die Stufen zogen sich um den gesamten Vorplatz. Groll ließ die Chefin rufen und machte ihr Vorhaltungen.

Wenn schon die Luxusgastronomie so gedankenlos sei, was solle dann von anderen Betrieben erwartet werden? Er könne ja durch den Garten fahren, das Tor sei geöffnet, erwiderte die Frau freundlich und bestimmt. Er müsse dann nur zwischen einem Misthaufen und einem Biotop hindurch, und schon sei er beim Hintereingang. Sie werde einstweilen die Tür aufsperren. Groll nahm die Herausforderung an und baggerte sich durch das weiche Erdreich. Abgekämpft langte er bei der Hintertür an und schleppte jede Menge Dreck in den Gastraum. Schließlich bestellte er ein Glas St. Laurent. Ein junger Rottweiler, dessen Herrchen auf der Toilette war, starrte Groll feindselig an. Die Hundeleine war an den Fuß eines schweren Eichentisches gebunden. Während Groll die Farbe des Weins prüfte, erinnerte er sich eines frühen Films von Billy Wilder. Ein amerikanischer Grammophonverkäufer kommt nach Schönbrunn und will den Kaiser von den Vorzügen der neuen Musikmaschine überzeugen. Im Zuge eines längeren Gesprächs über das Schloß und den angrenzenden Tiergarten läßt der Amerikaner einmal die Bemerkung fallen, man müsse wilden Tieren so lange in die Augen starren, bis die Bestien ihre Unterlegenheit akzeptieren. Groll starrte den Hund also so durchdringend an wie der ihn. Daraufhin verlor der Hund die Beherrschung und wollte sich auf Groll stürzen. Er schleppte den Eichentisch durch den Speisesaal, Gäste purzelten zu Boden oder flohen unter Wehgeschrei. Geschirr und Glas splitterte. Der tobende Hund schleppte weiter den Tisch durch den Raum und richtete schwere Verwüstungen an. Längst war Groll ins Freie gefahren, zwischen Misthaufen und Biotop ergötzte er sich am händeringenden Personal. Danach spazierte er auf einer Weingartenstraße ins nahe Wösendorf. Er wollte im Florianikeller auf Billy Wilder trinken und die Toilette aufsuchen. Leider stieß Groll am Eingang auf mehrere Stufen. Auf die Frage nach dem Behinderteneingang glotzte der herbeigerufene Kellner Groll fassungslos an. Eine alte Dame eilte an ihnen vorbei die Stufen hinunter. Der Kellner folgte ihr. Bald war die Dame wieder zurück, mit gerötetem Gesicht und so empört, daß sie keinen Laut herausbrachte. Um die alte Dame zu beruhigen, bot Groll ihr einen gemeinsamen Spaziergang am Donauufer an und versprach ihr einen exzellenten Blick auf die Schiffe. Endlich fand die alte Dame ihre Sprache wieder. Sie habe nur die Toilette aufsuchen wollen, sagte sie, nirgendwo in diesem reichen Winzerdorf sei eine Toilette zu finden, aber der Besitzer habe sie hinausgeworfen. Jetzt wurde Groll rot vor Empörung, er hastete zum Eingang des Florianikellers und brüllte durch die offene Tür in den Schankraum, er wolle den Chef sprechen. Ein untersetzter Mann in einem Trachtenanzug antwortete. Er sei der Inhaber, was Groll einfalle, so zu brüllen. Groll beschimpfte den Mann als Schleimscheißer, Arschgesicht und Hauernazi. Er solle seine Worte mäßigen, rief der Besitzer, worauf Groll zu ordinären Schimpfworten überging. Viele Jahre hin-

durch war er bei Sigi Maron in die Schule gegangen, und nun rief er die Juwelen aus dessen Schimpfwortefundus ab. Der Inhaber und der Kellner standen beide mit offenem Mund und weit aufgerissenen Augen da, als Grolls Suada auf sie niederprasselte.
Auf dem Rückweg wurde Groll von einem gelben Lamborghini mit slowakischem Kennzeichen fast in den Straßengraben gedrückt. Auf dem Jamekschen Parkplatz revanchierte sich Groll, indem er mit den Fußrastern mehrere Male gegen die Fahrertür fuhr und tiefe Kratzer zurückließ. Um viele Eindrücke reicher stieg Groll in seinen Wagen und fuhr Richtung Dürnstein. Vielleicht würde es ja dort möglich sein, Billy Wilders in Würde zu gedenken.

Graz, an der Mur

An einem sonnigen Herbsttag stand Groll am Ufer der Mur. Lange betrachtete er den graugrünen Fluß, dann fuhr er in ein nahegelegenes Café, bestellte ein Glas Rotwein, fügte aber ausdrücklich hinzu, es solle kein steirischer Rotwein sein. Die Wirtin, die nur steirische Weine führte, stellte das Glas vor Groll ab.
„Ein Vierterl Österreich Spezial", sagte sie.
Groll kostete und fand den Wein erträglich. Er erkundigte sich nach dem Abfüllort.
„1998, BILLA-Zentrale Wien-Neudorf", erwiderte die Wirtin.
Das sei ein bekannt guter Tropfen, meinte Groll darauf, im berühmten englischen Weinmagazin *Spectator* habe dieser Wein im Rahmen einer Blindverkostung Weine aus der ganzen Welt ausgestochen. Die Wirtin sah Groll ungläubig an, eilte zur Theke, schenkte sich ein Glas ein, schürzte genießerisch die Lippen und nahm einen vorsichtigen Schluck. Groll konnte sich aber nicht an der Reaktion der Wirtin erfreuen, denn der Dozent, den Groll im Café treffen wollte, stand neben ihm.
„Wie ist der Wein?" fragte der Dozent müde.
Groll wußte, daß der Dozent im Rahmen des Steirischen Herbstes an einem Symposium teilnahm, bei dem es um die Frage ging, wer zuerst dagewesen sei, die Nazis oder die Grazer Bourgeoisie; er hatte daher

Verständnis für die schlechte Laune seines Bekannten und beschloß, ihn mit einer Geschichte aufzuheitern, die auch in Graz spielte, aber schon etwas länger zurücklag, die Geschichte der Murschiffahrt. Als der Dozent sich gesetzt und ein Glas Rotwein hinuntergestürzt hatte, wobei er sich schüttelte wie ein Hund, der aus dem Wasser steigt, leitete Groll die Erzählung mit einem kühnen Satz ein.

„Am Anfang war die Mur“, sagte er. „Dann kamen die Grazer, und erst spät, vor hundertzwanzig Jahren, kam die Zivilisation, sprich: die Schiffahrt in die Stadt. Als rasch fließender Gebirgsfluß bot die Mur keine guten Bedingungen für die Nautik, dennoch nahmen 1888 zwei kleine Dampfer den Linienbetrieb in Graz auf, die *Styria* und die *Graz*. Schon der Start der *Styria* war von Pannen gezeichnet: Sie mußte sich über einen Monat lang über Donau, Drau und Mur in die steirische Landeshauptstadt quälen. Die *Graz* hingegen wurde mühsam über den Semmering geschafft.“

„Erzählen Sie weiter“, sagte der Dozent und ließ zwei Stück Saccharin in den Wein gleiten.

„Den Plan, einen Linienbetrieb bis Radkersburg zu unterhalten, mußte man gleich aufgeben“, fuhr Groll fort. „Immerhin verkehrte die kleine Flotte seit September 1888 im Stadtgebiet von Graz. Bereits am 13. Mai 1889 aber endete die kurze Ära der Murschiffahrt mit einer Katastrophe: Die *Styria* zerschellte an einem Brückenpfeiler, wobei sechs Personen ertranken. Nachdem die *Graz* schon am 27. Oktober 1888 ein Brücken-

joch gerammt und den Anker verloren hatte, flüchtete die Murschiffahrt sich in die Betriebsauflassung."
„Eine traurige Geschichte", meinte der Dozent.
„Sie hat noch ein Nachspiel. Dieses allerdings ist noch trauriger", erwiderte Groll. „Im Jahr 1924 wurde ein letzter Versuch zur Reanimierung der Murschiffahrt unternommen. Das Passagierboot *Anna* lief anläßlich der Kommissionierungsfahrt mitsamt den Behördenvertretern auf Grund."
„Ich gebe zu: eine traurige Geschichte", sagte der Dozent leise. „Hätten Sie aber die Vorträge gehört, die ich über mich ergehen lassen mußte –"
„Wäre ich nicht in der Lage gewesen, die neueste Nummer von *Schiffahrt und Strom. Informationsdienst des Österreichischen Wasserstraßen- und Schiffahrtsvereins, Folge 167*, zu studieren", fiel Groll ihm ins Wort, zupfte den Dozenten am Ärmel und deutete auf die Wirtin, die eine Reklametafel mit der Aufschrift „Weltberühmter Weinsieger eingetroffen" vor dem Café aufstellte.

Landskron, Gasthof Schöffmann

Landskron ist eine kleine Gemeinde am Südufer des Ossiachersees. Sie wird überragt von einer ausgedehnten Burganlage, die nicht nur für die Vorführung von Greifvögeln, sondern auch für allerlei Volksbelustigungen, von Operettenkonzerten bis zu Kabarettaufführungen, genützt wird. Der Ort selbst ist unbedeutend, verfügt aber über ein bemerkenswertes Gebäude: den Gasthof Schöffmann. Dessen Geschichte geht bis auf das 11. Jahrhundert zurück, im 15. Jahrhundert wurde die heute noch bestehende Kubatur errichtet: Renaissancegewölbe, Wirtschafts- und Nebengebäude, Stallungen. Und ein Turnierplatz, am Fuß der Ruine gelegen, der einst als Austragungsort von Ritterspielen diente und heute als Obstgarten und Parkplatz Verwendung findet.

Vor einigen Jahren wurde der Hubhof behutsam restauriert. Die Gewölbe und die Außenmauern blieben erhalten, die Schankstube und die Küche erinnern an alte tschechoslowakische Verfilmungen von Episoden aus dem Leben des braven Soldaten Schwejk. Unter den vielen Gästen befinden sich viele Einheimische, sie schätzen die Atmosphäre des Hofes und erfreuen sich am Schöffmannschen Apfelmost.

Im Hof sind zwei lange Holzbänke aufgestellt, die rund vierzig Menschen Platz bieten. Die Speisekarte ist nicht umfangreich. Backhuhn, Wiener Schnitzel, gebackene Leber, Zwiebelrostbraten, Aufstrichbrote. Der Most schmeckt bitter und erfrischend. Eine kleine Rampe aus Natursteinen führt vom Hof ins Gewölbe des Schankhauses. Der Speisekarte beigegeben ist ein historischer Abriß der Geschichte des Gasthofes.

Als die ursprünglichen Besitzer des Hubhofes, die Khevenhüllers, sich nach dem Dreißigjährigen Krieg von der katholischen Kirche abwandten und dem Protestantismus folgten, wurde das Lehen den katholisch gebliebenen Dietrichsteins übertragen. Die wiederum legten fest, daß der Hubhof bis in alle Ewigkeit nur an katholische Pächter vergeben werden darf.

Groll las den Text und studierte die Anlage mit wachsendem Interesse. Nach dem Genuß einer Leberknödelsuppe wußte er, daß die Auflage der Dietrichsteins nach wie vor befolgt wird. Leberknödel von der Größe einer Kanonenkugel können nur Katholiken zubereiten.

Auf dem Weg zum Schankraum fand Groll an der Wand die Kopie eines Zeitungsartikels aus dem 19. Jahrhundert.

„Landskron, 16. Mai 1893. Kundgetan wird der Sturz des Malers Emil Lindermuth im Gasthaus Schöffmann. Der Bursch war im Behufe, eine Arbeit im Ersten Stock zu erledigen, in welchem der Bezirksrichter zu tagen pflegt, als er ausrutschte und die 18 Stufen umfassende steinerne Stiege hinunter stürzte. Der Malergeselle brach sich anlässlich seines Sturzes die Wirbelsäule, worauf der Bursch unter mäßigem

Wehklagen eine halbe Stunde nach dem Zwischenfall in der Schankstube verstarb, indem er keine Luft mehr bekam. Der Bursch zählte achtzehn Jahre, ebensoviel wie die Treppe Stufen aufwies. Wer will, gedenke seiner Seele.“
Lange stand Groll vor dem Artikel, dann kehrte er in den Schankraum zurück. Er warf ein paar Geldstücke auf den Tisch, ließ das halbvolle Glas Most stehen und eilte aus dem Haus. Er fuhr in den Obstgarten, verstaute den Rollstuhl in seinem Auto und machte sich auf den Weg. Er folgte dem Südufer des Ossiachersees, querte eine Sumpflandschaft namens Seeboden und bog in die Gerlitzen-Alpenstraße sein. Eine Viertelstunde später war er auf sechzehnhundert Meter Seehöhe und nahm das letzte Stück der Bergstraße in Angriff. Er hoffte, nach der Baumgrenze auch die Menschengrenze zu erreichen.

Reifnitz am Wörthersee

Vor Maria Wörth schlängelt die Südufer-Straße sich durch ein Waldgebiet. Vereinzelt stehen herrschaftliche Villen in parkähnlichen Gärten am See, dahinter ducken sich Ferienhäuschen an den steilen Berghang. Jedes Jahr zu Fronleichnam verwandeln Zehntausende Golf GTI-Fahrer aus Deutschland und halb Europa den idyllischen Flecken in ein Tollhaus. Dies nicht deswegen, weil die GTI-Fahrer sich schlecht benehmen und randalieren, sondern weil sie ihre heilige Handlung, ihr Ritual, mit Inbrunst und Ausdauer Tag und Nacht verrichten. Im Zentrum der GTI-Liturgie steht eine Aktion, deren infantiler Name „Gummi! Gummi!" nicht darüber hinwegtäuschen darf, daß es sich dabei um eine ernsthafte, fast mystische Versenkung des Autofahrers in das Wesen des Fahrens handelt. „Gummi! Gummi!" besteht darin, daß der Fahrer sein Gefährt auf Höchsttouren bringt und die Handbremse anzieht, während einige Helfer sich an die Karosserie klammern. Auf das Kommando „Gummi! Gummi!", das die einen wie einen Schlachtruf brüllen, andere wiederum mit verklärten Augen wispern wie ein Gebet, legt der Fahrer den Gang ein und gibt Vollgas, worauf das Auto, von Bremsen und Helfern zurückgehalten, wie ein bockiger Stier unter gräßlichem Aufheulen des Motors über den Asphalt schlingert und dabei lange schwarze Striche zurückläßt. Wenn der

Gummi nicht mehr vom Rad auf den Asphalt radiert wird und der schwarze Strich abreißt, geht der Fahrer vom Gas und der Wagen kommt zum Stillstand. Glücklich, mit leuchtenden Augen steigt der Pilot dann aus, tätschelt zärtlich seinen GTI, sonnt sich im Applaus und den frenetischen „Gummi! Gummi!" – Rufen seiner Kollegen und verbeugt sich, eine Hand aufs Dach seines Autos gestützt.
Groll war von der Liturgie der GTI-Fahrer tief beeindruckt; einen ganzen Tag lang klapperte er die Parkplätze um Reifnitz und Maria Wörth ab, um an den automobilen Gottesdiensten als Beobachter teilzunehmen. Mehrmals wurde er von den Vertretern des GTI-Ordens gefragt, ob sie mit ihm und seinem Rollstuhl auch „Gummi! Gummi!" machen sollten. Groll, der anfangs begeistert zugestimmt hatte, zog seine Einwilligung allerdings zurück, als er erfuhr, daß die Reifen nicht mehr als drei Beschleunigungsversuche aushalten. Er mußte sich darauf beschränken, dem Treiben der GTI-Fahrer als Zaungast beizuwohnen.
An der Auffahrt zum Gustav-Mahler-Studierhäuschen bot ein kleiner Parkplatz Raum für höchstens sieben oder acht Autos. Und hier erlebte Groll das erstaunlichste „Gummi! Gummi!" - Opfer des Tages. Ein junger Mann aus Bochum, der bereits mehrere Versuche hinter sich hatte, ließ sich von seinen Freunden nicht zum Aufhören überreden. Ein letztes Mal noch wollte er es allen zeigen. Der Motor heulte auf, die Freunde hielten den Wagen fest, die Bremsen quietschten,

blauer Rauch stieg auf, und der Wagen sprang einige Meter vorwärts. Die Reifenspur riß ab, einige Helfer wandten sich ab, doch Groll ließ keine Sekunde von dem GTI, ihm war der umwölkte Blick des Fahrers aufgefallen, bevor er in den Wagen eingestiegen war. Groll spürte, daß etwas Ungewöhnliches geschehen werde, und so war es auch. Sei es, daß der Fahrer die Bremse ausließ oder ein Defekt auftrat, der Wagen schoß wie eine Raubkatze aus dem Parkplatz auf die Straße, schlingerte, noch immer beschleunigend, einige Dutzend Meter eine Hecke entlang, durchbrach eine hölzerne Absperrung, hob dann in einem großem Bogen ab und knallte mit der gesenkten Schnauze zuerst in den tief unten liegenden Wörthersee. Der Wagen hielt sich noch kurz über Wasser und versank dann sehr rasch, wirbelnde Luftblasen an der Oberfläche zurücklassend.

Groll löste sich als erster von dem Schock. „Gummi! Gummi!" rief er und streckte die geballte Faust gen Himmel.

Drei Dörfer in Kärnten

An einem verregneten Augusttag standen Groll und der Dozent vor dem Seebad Maria Loretto und staunten. Das schönste Freibad am Wörthersee, eine pittoreske Anlage aus dem frühen 20. Jahrhundert mit Holzpritschen und altgedienten Umkleidekabinen, präsentierte sich in neuem Kleid. Anstelle des Buffets, in dem früher mürrische Angestellte Dienst taten, die sich bei einigem Arbeitsanfall zu reiner Bösartigkeit aufschwingen konnten, stand ein herabgekommener Wohnwagen neben dem Eingang. Ein blonder Mann stützte sich auf das Verkaufspult und sah verträumt in den Regen hinaus.

„Der Jüngling ist freundlich und unbedarft", meinte der Dozent.

„Aber er schenkt keinen Kaffee aus. Wie seine mieselsüchtigen Vorgänger. Auch die schmackhaften Spezial-Frankfurter der Fleischerei Tschabuschnigg aus dem kleinen Markt Oblast an der Schmurgel werden Sie hier vergebens suchen", erwiderte Groll.

„Einen Ort diesen Namens gibt es nicht", sagte der Dozent mit Bestimmtheit.

„Oblast an der Schmurgel zählt mit Kötterlsdorf im Jauntal und St. Mirchtl in der Gegend zu den aufstrebenden Fremdenverkehrsorten", erwiderte Groll. „In wenigen Jahren werden die drei in einem Atemzug mit Windsor Castle und Mont Saint Michel genannt wer-

den. Die Welt wird sich um einen Wochenendurlaub reißen. Es gibt nur ein Hindernis."
„Welches?" fragte der Dozent.
„Die Ortstafeln. Die Ortschaften fallen unter die Bestimmungen des Staatsvertrages, Artikel Sieben. Sie weisen jeweils mehr als zehn Prozent slowenischsprachige Bevölkerung auf und aus Angst, den Erfordernissen des Vertrages endlich nachkommen zu müssen, beschlossen die Gemeinderäte der drei Dörfer, überhaupt keine Ortstafeln aufzustellen. Des weiteren wurden die Namen der Dörfer aus Schulatlanten und Straßenkarten gelöscht. Damit nicht genug: Es gibt in den drei Dörfern weder Straßennamen noch Hausnummern. Nur die Ortskenntnis der Einheimischen, die nach mühevollen Befragungen und langwierigen vertrauensbildenden Maßnahmen mit den Namen ihrer Nachbarn herausrücken, scheu und ängstlich, als begingen sie ein Kapitalverbrechen, verhelfen Ortsunkundigen zu einer Adresse. Einzelne Familien gehen noch weiter; sie reden ihre engsten Verwandten nicht mit dem Taufnamen, sondern mit Pseudonymen wie ‚Ehebrecher', ‚Gießkanne' oder ‚Strafmandat' an. Sie können an diesen tragischen Verhältnissen ermessen, wie verheerend die Nichteinhaltung der Staatsvertragsbestimmungen in Kärnten sich auswirkt."
Der Dozent hatte seinen Notizblock aus dem Jackett geholt und nahm Eintragungen vor. Er werde der Sache nachgehen, sagte er, und wenn er bis zum Europäischen Statistischen Zentralamt pilgern müsse, um

die drei Dörfer in den Unterlagen zu finden, er glaube Groll kein Wort. Die Kärntner Politik sei, was die Belange des Rechtsstaates anlange, zwar etwas eigen, aber derart absurde Verwerfungen könne es nicht einmal in Kärnten geben.

„Nicht in Mitteleuropa“, rief er. „Nicht im dritten Jahrtausend!“

Groll verzichtete darauf, dem Dozenten zu widersprechen. Statt dessen lenkte er die Aufmerksamkeit seines Freundes auf das neue Eintrittssystem des Freibades. Chromblitzende Drehkreuze, die elektronisch verriegelt waren und nur mit einer Plastikkarte geöffnet werden konnten, verwehrten all jenen den Zutritt, die nicht bereit waren, für zehn Minuten im Regen sechs Euro zu bezahlen. Ermäßigungen konnten nicht gewährt werden, da die elektronische Kasse und deren Computerprogramm keine Abweichungen von der Norm zuließen. Jede Passage mußte mit langwierigem Anstellen, dem Einführen der Karte und der Freigabe des Drehkreuzes erkauft werden. Die Drehkreuze ruhten in mächtigen Betonsockeln, die ein schönes Eck vom Rasen beanspruchten. Der Zutritt zu dem einstmals verträumten kleinen Bad wirkte wie der Eingang zu einem Hochsicherheitsgefängnis. War früher der Kauf einer Karte eine Angelegenheit von einer halben Minute, so dauerte es jetzt fünfmal so lange, denn nach wie vor mußte man sich ja bei der Kasse anstellen und bezahlen. Dann hieß es warten, bis die Karte ausgedruckt war, die man schließlich in das Drehkreuz

einführen konnte, was nicht unter drei Versuchen abging, denn meist wurden die Karten mit der falschen Seite eingeführt oder aber die Elektronik streikte und die Dame an der Kasse gab die Anlage mittels eines Knopfdrucks frei.
Gebannt beobachteten die beiden Freunde, wie es dem neuen System gelang, selbst bei den wenigen Badegästen, die dem schlechten Wetter trotzten, für einen Stau zu sorgen. Sie nickten einander zu. Groll wußte nun, daß der Dozent die Geschichte von den drei verschwundenen Dörfern glaubte.

Amlach bei Lienz

Spätabends trafen sie in jenen Katastrophentagen des Februar 1999, als Lawinen in Nordtirol Dutzende Todesopfer forderten, beim Laserz-Wirt zusammen: Sepp, der pensionierte Bezirksjägermeister, der getrockneten Wildschweinschinken dabei hatte; Alois, der ehemalige Häuslerbub aus dem Villgratental, der in den fünfziger Jahren von DDSG-Keilern zur Schiffahrt geholt wurde und es bis zum Maschinenmaat auf der *Röthelstein* gebracht hatte; der großgewachsene Wirt mit den schalkhaften Augenwinkeln – und Groll, der das abgelegene Hotel am Ende des Talbodens schätzte, weil es über ein rollstuhlgerechtes Hallenbad und einen gut sortierten Weinkeller verfügte. Nachdem bei einigen Vogelbeerschnäpsen die Lawinenlage erörtert wurde – der Tauerntunnel war noch immer gesperrt, in Galtür wurden die Leichen mit Preßluftbohrern aus der betonharten Lawine gebrochen –, ging es ans Erzählen.

Alois berichtete von seinen Abenteuern als Donauschiffer. Von Passau bis Sulina nahe des Schwarzen Meers wußte er über jede Stadt, jede Anlegestation unterhaltsame Schnurren zu erzählen. So auch jene von dem kleinen, von Donauschwaben bewohnten Dorf unterhalb Budapests, das seit der Mitte des 19. Jahrhunderts die Kesselmeister für die DDSG-Dampfschiffe stellte und durch die Schiffahrt reich geworden war. Wenn die Linienschiffe zu den vorgegebenen Zeiten am Dorf vorbeikamen und das Stampfen der Schaufelräder von den Lößklippen widerhallte, war das ganze Dorf auf den Beinen, um den Vätern, Brüdern und Geliebten, die mit nacktem Oberkörper aus dem Maschinenraum gekrochen waren, zuzujubeln. Vor 1913 befuhren allein für die DDSG, damals die größte Flußreederei der Welt, über hundert grenzüberschreitende Schiffszüge den Strom. Leider waren Kesselexplosionen in diesen Tagen keine Seltenheit, in manchen Saisonen mußten vier oder mehr Schiffe infolge hochgegangener Kessel als Totalverlust gebucht werden, und meist kamen die Kesselmeister dabei zu Tode. Natürlich wußte man im Dorf um die Gefährlichkeit der Arbeit, daher fiel, wenn ein Schiff durchkam, der Jubel der Dorfbewohner dementsprechend groß aus.

Wie viele Matrosen hatte Alois, der auch heute noch ein gutaussehender Mann ist, in mehreren Donaustädten eine Geliebte. Einige Jahre lang genoß er die Abwechslung, bis er eines Tages eine Weißnäherin aus Wien kennenlernte, die ihn so beeindruckte, daß er sich ernsthafte Gedanken machte. Den Heiratsantrag nahm Henriette, so hieß die junge Frau, erfreut, aber nicht sehr überrascht entgegen. Die Antwort sollte Alois nach der Rückkehr von seiner nächsten Reise erhalten. Diese führte nach Reni in der Ukraine, erst nach acht Wochen erlöste ihn ihr Jawort. Der Termin für die Hochzeit wurde für den 11. Mai festgesetzt. Am vereinbarten Hochzeitstag war alles bereit – nur Alois fehlte, sein Schiff hatte nahe der ungarischen Stadt Érd einen Defekt. Erst nach Tagen gelang es ihm, mit Henriette Kontakt aufzunehmen. Am 6. Oktober sollte es aber endlich soweit sein. Wieder war Henriettes Familie versammelt, und wieder blieb Alois aus. Diesmal dauerte es nur zwei Tage, bis er sich meldete. Im Hafen von Belgrad hatte ein Baggerkahn Alois' Schiff gerammt, er mußte die Reparaturarbeiten überwachen. Zurück in Wien, ging Henriette grußlos an ihm vorüber. Alois war wie von Sinnen. In seiner Verzweiflung verbrühte er sich die rechte Hand mit kochendem Wasser und mußte ins Spital eingeliefert werden. Bald saß Henriette an seinem Bett, und nachdem die Tränen getrocknet waren, fand sich auch ein Hochzeitstermin, der dank Alois' Verletzung auch wirklich eingehalten wurde.

Groll hob das Glas und gratulierte zur erfolgreichen Taktik. Alois aber wehrte ab, es sei nur ein Unfall gewesen, sagte er, aber das glaube ihm niemand, am allerwenigsten seine geliebte Henriette.

Tod einer Hasenzüchterin

Auf dem Weg ins Virgental, das bei Matrei Richtung Großvenediger abzweigt, vernahm Groll aus dem Autoradio die Nachricht vom Tod Margarete Schütte-Lihotzkys, der großen alten Dame der österreichischen Architektur. Während er seinen Wagen neben einer Viehtrift parkte, erinnerte Groll sich folgender Episode aus Schütte-Lihotzkys Leben, welche die greise Revolutionärin einst erzählt hatte.
Die Geschichte ereignete sich zu jener Zeit, als Schütte im Gestapo-Gefängnis saß und auf ihren Prozeß wartete, der, so stand zu befürchten, mit dem Todesurteil enden würde. Eines Tages, erzählte sie, sei aus einer Nachbarzelle entsetzliches Wehgeschrei gedrungen. Das Jammern und Klagen wollte kein Ende nehmen, die Nerven der inhaftierten Frauen, die gelernt hatten, sich zu disziplinieren und die eigenen Schmerzen und Ängste nicht ans Ohr der Gefährtinnen dringen zu lassen, waren zum Zerreißen gespannt. Tag und Nacht tobte und schrie die unglückliche Neue; ihre Mitgefangenen wußten schon nicht mehr, wie sie sich vor den Verzweiflungsausbrüchen schützen sollten, um nicht die Kontrolle über sich selbst zu verlieren. Diesen Triumph wollten die Frauen ihren Peinigern von der Gestapo keinesfalls gönnen. Endlich ergab sich die Gelegenheit, die verzweifelte Zellengenossin während eines Appells anzusprechen. Apollonia, so hieß die

Frau mit Vornamen, erschrak, als sie die Vorwürfe wegen ihres rücksichtslosen Verhaltens vernahm. Sie sei ein schlichtes Wesen und habe keine Ahnung von Politik, rechtfertigte sie sich. Sie wisse auch nicht, warum sie eingesperrt worden sei. Daß die Polizei in ihrem Schrebergarten ein Papier gefunden habe, welches ein Freund dort vergessen hatte, könne doch nicht der Grund sein. Schütte-Lihotzky gab der Frau, die sie liebevoll Plonerl nannte, Verhaltensregeln mit auf den Weg, und Plonerl versprach, sich daran zu halten. Tatsächlich trug sie fortan ihren Schmerz ruhig und gefaßt wie alle übrigen Frauen auch. Sie solle doch ein Freigangsgesuch schreiben, sagte Schütte Tage später zu ihr, sie konnte sich nicht vorstellen, daß diese Frau für die Nazis von Wert war. Sie wisse nicht, wie man das mache, ein Freigangsgesuch, antwortete Plonerl verzagt, aber auf Schüttes Rat, sie solle einfach die Wahrheit schreiben, kam sie am nächsten Tag mit einem Zettel zu ihr, auf den mit ungelenker Schrift die Worte gemalt waren: „Ich ersuche freizugehen indem ich Hasen habe."

Die Arme habe sich nur um ihre verlassenen Hasen gesorgt, sprach Schütte, und ihre ohnehin nicht mehr feste Stimme wurde noch brüchiger, als sie weitererzählte, daß Plonerls Gesuch abgeschlagen wurde. Bald darauf sei sie dann aus der Zelle geführt worden und niemand habe je wieder von ihr gehört.

Sie schreckten nicht einmal davor zurück, diese beschränkte Frau, die sich nur um ihre Hasen sorgte, umzubringen, sagte Margarete Schütte-Lihotzky leise, und die Fassungslosigkeit über soviel Grausamkeit stand ihr ins Gesicht geschrieben, so frisch, als hätte jemand die Uhr mit einem Ruck um fünfzig Jahre zurückgedreht.

An diese Geschichte, die Geschichte vom Tod der Hasenhalterin Plonerl, dachte Groll, als er vom Tod Margarete Schütte-Lihotzkys hörte.

Heinz aus Regelsbrunn

Heinz Kuchlik war Alkoholiker. Wenn der Winter sich zurückzog und die Au nach Bärlauch roch, besuchte Groll seinen Freund in dessen Fischerhütte bei Regelsbrunn. Heinz saß auf der Holzveranda und beobachtete die Kormorankolonie auf der Schwalbeninsel. Oder er saß am Daubennetz und kurbelte das Netz hoch und nieder. Wenn Heinz auf der Veranda saß, hatte er einen Doppelliter Wein neben sich stehen. Wenn er fischte, stellte er den Doppelliter neben der Netzstange auf. Groll wußte, daß er seinem Freund, der nur ein altes Moped besaß, einen Gefallen tat, wenn er im Kofferraum seines Wagens ein paar Flaschen Wein mitnahm. Der Weg an die Fischamender Donau, wo Heinz mit seinem zwölfjährigen Sohn lebte, war holprig und beschwerlich.

Manche Alkoholiker basteln sich für das Trinken eine Erklärung, die ihnen über schwierige Phasen hinweghilft. Auch Heinz hatte eine Erklärung: er trank aus Angst. Aus Angst vor dem dritten Herzinfarkt, der, so sagte sein Arzt, sein letzter sein würde. Alkohol erweitert die Gefäße, wenn die Gefäße nicht mehr mitmachen, muß man eben mehr trinken, sagte sich Heinz. Die beiden ersten Infarkte hatte er nur um Haaresbreite überlebt. Für eine Operation war es längst zu spät, nur der Wein konnte Heinz noch ein paar Jahre schenken. Die Galgenfrist bis zum Ausbruch einer

Leberzirrhose nützte er, seinem Sohn alles beizubringen, was ein Mann, der am Strom leben will, braucht. Er lehrte ihn fischen; er lehrte ihn, eine Tinktur zu bereiten, die Gelsen abwehrt; er zeigte ihm, woran man einen Reiher auf dem Weg zum Fang von einem unterscheiden kann, der zurück zum Nest fliegt; er lehrte ihn die Flaggen der Donauschiffe lesen und erklärte ihm die Bauart der Schiffsdiesel, denn Heinz war vor seiner Frühpensionierung Kesselwart gewesen und über Schiffsdiesel wußte er Bescheid, weil sein Bruder als Heizer bei der DDSG gearbeitet hatte, bis er eines Tages auf dem vereisten Kahn ausgeglitten und in die rumänische Donau gefallen war. Auch Heinz konnte nicht schwimmen. Nur die wenigsten Menschen am Fluß können schwimmen. Heinz' Sohn hatte das Schwimmen in der Hauptschule erlernt. Heinz empfand deshalb Hochachtung vor den Lehrern. Er ließ sich aber nie in der Schule blicken, er besuchte keine Sprechtage, nahm an Schulveranstaltungen nicht teil und blieb dem Elternverein fern. Er hatte Angst, daß man den Alkohol riechen würde. Sein Sohn war ihm nicht böse. Er war auch nicht darüber traurig, daß sein Vater Alkoholiker war. Er wußte, was er an seinem Vater hatte. Und Heinz wußte, was er am Wein hatte.

Wenn Groll kam, setzte er sich zu den beiden und schwieg. Er schwieg, weil angesichts der verzweifelten Liebe zwischen Vater und Sohn jedes Wort schal gewesen wäre. So saßen sie und tranken und schauten auf den Strom, während der Sohn Hausaufgaben machte.

Inhaltsverzeichnis

Texte vom Herrn Groll und dessen Freund, dem Dozenten, erscheinen seit 1993 in verschiedenen deutschsprachigen Zeitungen und Zeitschriften.)*
Neben dem Erzählband „Herr Groll erfährt die Welt", Berlin Elefanten Press 1996, erschien im gleichen Verlag 2000 der erste Groll-Roman „Giordanos Auftrag".
2006 folgte im Otto Müller Verlag der zweite Groll-Roman „Der letzte Wunsch des Don Pasquale".
2007 gab der ORF ein Drehbuch für einen Groll-Fernsehfilm in Auftrag.

**) Auswahl in alphabetischer Reihenfolge: Augustin, Behinderte Menschen, Café KPÖ, Die Presse, Domino, Junge Welt, Berlin, Kärntner Kirchenzeitung, Konkret/Hamburg, Literatur & Kritik, Moderne Zeiten, Monat/Zeitschrift des Behindertendachverbands ÖAR, Randschau/Deutschland, Standard, Stimme der Minderheiten, Versorgerin/Linz, Volksstimme, Wespennest*